清涼國師華嚴經疏鈔

청량국사화엄경소초

24

비로자나품

청량징관 찬술 · 관허수진 현토역주

온주사

천이백 년 침묵의 역사를 깨고

오늘도 나는 여전히 거제만을 바라본다.

겹겹이 조종하는 산들

산자락 사이 실가닥 저잣길을 지나 낙동강의 시린 눈빛

그 너머 미동도 없는 평온의 물결 저 거제만을 바라본다.

십오 년 전 그날 아침을 그리며 말이다.

나는 2006년 1월 10일 은해사 운부암을 다녀왔다.

그리고 그날 밤 열한 시 대적광전에서 평소에 꿈꾸어 왔던 『청량국사 화엄경소초』 완역의 무장무애를 지심으로 발원하고 번역에 착수하였다.

나의 가냘픈 지혜와 미약한 지견으로 부처님의 비단과도 같은 화장세계에 청량국사의 화려하게 수놓은 소초의 꽃을 피워내는 긴 여정을 시작한 것이다.

화엄은 바다였고 수미산이었다.

그 바다에는 부처님의 용이 살고 있었고

그 산에는 부처님의 코끼리가 노닐고 있었다.

예쁘게 단장한 청량국사 소초의 꽃잎에는 부처님의 생명이 태동하고 있었고,

겹외의 연꽃 밭에는 영원히 지지 않는 일승의 꽃이 향기를 뿜어내고

있었다.

그 바다 그 산 그리고 그 꽃밭에서 10년 7개월(구체적으로는 2006년 1월 10일부터 2016년 8월 1일까지) 동안 자유롭게 노닐었다.

때로는 산 넘고 강 건너 협곡을 지나고

때로는 은하수 별빛 따라 오작교도 다니었다.

삼경 오경의 그 영롱한 밤

숨쉬기조차 미안한 고요의 숭고함

그 시공은 영원한 나의 역경의 놀이터였다.

애시당초 이 작업은 세계 인문학의 자존심

내가 살아 숨쉬는 이 나라 대한민국 그리고 불교의 자존심에 기인한 것이다.

일찍이 그 누가 이 청량국사의 『화엄경소초』를 완역하였다면 나는 이 작업을 하지 않았을 것이다.

지금도 여전히 완역자는 없다.

더욱이 이 『청량국사화엄경소초』의 유일한 안내자 인악스님의 『잡화기』와 연담스님의 『유망기』도 그 누가 번역한 사실이 없다.

그러나 내 손안에 있는 두 분의 『사기』는 모두 다 번역하여 주석으로 정리하였다.

이 청량국사 화엄경의 소는 초를 판독하지 않으면 알 수가 없다.

그래서 그 이름을 구체적으로 대방광불화엄경수소연의초大方廣佛華嚴經隨疏演義鈔라 한 것이다.

즉 대방광불화엄경의 소문을 따라 그 뜻을 강연한 초안의 글이라는
것이다.
청량국사는 『화엄경』의 소문을 4년(혹은 5년) 쓰시되 2년차부터는
소문과 초문을 함께 써서 완성하시고 5년차부터 8년 동안 초문을
쓰셨다.
따라서 그 소문의 양은 초문에 비하면 겨우 삼분의 일에 지나지
않는다 할 것이다.

나는 1976년 해인사 강원에서 처음 『청량국사화엄경소초 현담』
여덟 권을 독파하였고,
1981년부터 3년간 금산사 화엄학림에서 『청량국사화엄경소초』를
독파하였다.
그때 이미 현토와 역주까지 최초 번역의 도면을 완성하였고,
당시에 아쉽게 독파하지 못한 십정품에서 입법계품까지의 소초는
1984년 이후 수선 안거시절 해제 때마다 독파하여 모두 정리하였다.

그러나 번역의 기연이 맞지 않아 미루다가 해인사 강주시절 잠시
번역에 착수하였으나 역시 기연이 맞지 않아 미루었다.
그리고 드디어 2006년 1월 10일 번역에 착수하여 2016년 8월 1일
십만 매 원고로 완역 탈고하고, 2020년 봄날 시공을 초월한 사상
초유 『청량국사화엄경소초』가 1,200년 침묵의 역사를 깨고 이 세상
에 처음 눈을 뜨게 된 것이다.

번역의 순서는 먼저 입법계품의 소초, 다음에는 세주묘엄품 소초에
서 이세간품 소초까지, 마지막으로 소초 현담을 번역하였다.
번역의 형식은 직역으로 한 글자도 빠뜨리지 않고 번역하였다.
따라서 어색하게 느껴지는 곳도 있을 것이다.
예를 들면 소所 자를 "바"라 하고, 지之 자를 지시대명사로 "이것,
저것"이라 하고, 이而 자를 "그러나"로 번역한 등이 그렇다.
판본은 징광사로부터 태동한 영각사본을 뿌리로 하였고, 대만에서
나온 본과 인악스님의 『잡화기』와 연담스님의 『유망기』와 또 다른
사기 『잡화부』(잡화부는 검자권부터 광자권까지 8권만 있다)를 대조하
여 번역하였다.

앞에서 이미 말한 것처럼, 그 누가 청량국사의 『화엄경소초』를
완역한 적이 있었다면 나는 이 번역에 착수하지 않았을 것이다.
지금까지 이 황금보옥黃金寶玉의 『청량국사화엄경소초』가 번역되
지 아니한 것은 나에게 주어진 시대적 사명이고 역사적 명령이라
생각한다.
나는 이 『청량국사화엄경소초』의 완역으로 불조의 은혜를 갚고
청량국사와 은사이신 문성노사 그리고 나를 낳아준 부모의 은혜를
일분 갚는다 여길 것이다.

끝으로 이 『청량국사화엄경소초』가 1,200년의 시간을 지나 이 세상
에 눈뜨기까지 나와 인연한 모든 사람들 그리고 영산거사 가족과
김시열 거사님께 원력의 보살이라 찬언讚言하며, 나의 미약한 번역

으로 선지자의 안목을 의심케 할까 염려한다.

마지막 희망이 있다면 이 『청량국사화엄경소초』의 완역 출판으로 청량국사에 대한 더욱 깊고 넓은 연구와 『화엄경』에 대한 더욱 다양한 연구가 이루어지기를 바라는 것뿐이다.

장세토록 구안자의 자비와 질책을 기다리며 고개 들어 다시 저 멀리 거제만을 바라본다.

여전히 변함없는 저 거제만을.

2016년 8월 1일 절필시에 게송을 그리며

長廣大說無一字 장광대설무일자

無碍眞理亦無義 무애진리역무의

能所兩詮雙忘時 능소양전쌍망시

劫外一經常放光 겁외일경상방광

화엄경의 장대한 광장설에는 한 글자도 없고

화엄경의 걸림없는 진리에는 또한 한 뜻도 없다.

능전의 문자와 소전의 뜻을 함께 잊은 때에

시공을 초월한 경전 하나 영원히 광명을 놓누나.

불기 2566년 음력 1월 10일 최초 완역장

승학산 해인정사 관허 수진

● 화엄경소초현담華嚴經疏鈔玄談(1~8)

● 화엄경소초華嚴經疏鈔

영인본 4책 來字卷之二

대방광불화엄경수소연의초 제십일권

大方廣佛華嚴經隨疏演義鈔 第十一卷

우진국 삼장사문 실차난타 번역
청량산 대화엄사 사문 징관 찬술
대한민국 조계종 사문 수진 현토역주

비로자나품 제육권

毘盧遮那品 第六卷

疏

初에 來意者는 前明此因之果하고 今辯前果之因하야 答前因問일새 故次來也니라 因是果因일새 故標果稱이요 又不以人取法하면 知是誰因이리요 前品初言호대 毘盧遮那의 曠劫修因之所嚴淨이라하니 今方顯其事니라

처음에 여기에 온 뜻은 앞[1]에서는 이 원인의 과보[2]를 밝혔고, 지금은 앞에 과보의 원인을 분별하여 앞에 원인에 대한 질문에 답하기에 그런 까닭으로 다음으로 여기에 왔다.
원인은 이 과보의 원인이기에 그런 까닭으로 과보의 이름[3]을 표하고 또 사람[4]으로써 법을 취하지 않는다면 누구의 원인인 줄 알겠는가. 앞 품 초[5]에 말하기를 비로자나가 한량없는 세월(曠劫)에 수행한

---

1 앞이란, 화장세계품이다.

2 원인의 과보란, 비로자나는 원인이고, 화장세계는 과보이다.

3 과보의 이름은 비로자나이다.

4 사람(人)은 비로자나이다.

인연으로 장엄하고 청정히 한 바다 하였으니,
지금에 바야흐로 그 사실을 나타낸 것이다.

疏

二에 釋名者는 略云光明遍照니 廣如前釋하니라

두 번째 이름을 해석한 것은 간략하게 말한다면 광명이 두루 비추는
것(光明遍照)이니
폭넓게 말한 것은 앞에서 해석[6]한 것과 같다.

疏

三에 宗趣者는 明因廣大로 爲宗이요 證成前果로 爲趣라

세 번째 종취는 원인의 광대함을 밝힘으로 종宗을 삼고, 앞의 과보를
증득하여 이룸으로 취趣를 삼는다.

---

5 원문에 전품초前品初라고 한 것은 화장세계품華藏世界品 초두初頭이니, 영인본
  화엄 4책, p.8, 8행을 의인意引한 것이다.
6 원문에 전석前釋이라고 한 것은 앞의 보현삼매품普賢三昧品에서 해석한 것을
  말한다.

經

爾時에 普賢菩薩이 復告大衆言호대 諸佛子야 乃往古世에 過世
界微塵數劫하고 復倍是數하야

그때에 보현보살이 다시 대중에게 일러 말하기를 모든 불자여,
이에 지나간 옛날 세상에 그 세계의 작은 티끌 수만치 많은 세월(劫)
을 지나고 다시 이 수數를 배로 지나

疏

四는 釋文이라 一品分三하리니 初는 總明本事之時요 二에 有世界
下는 別顯本事之處요 三에 彼勝音世界最初劫中下는 別顯時中
本事니 今初는 卽二佛刹塵數劫也라

네 번째는 경문을 해석한 것이다.
이 한 품을 세 가지로 분류하리니
처음에는 본래 섬긴 시간을 한꺼번에 밝힌 것이요
두 번째 세계가 있다고 한 아래는 본래 섬긴 처소를 따로 나타낸
것이요
세 번째 저 승음세계[7] 최초의 세월 가운데라고 한 아래는 최초의
시간 가운데 본래 섬긴 부처님을 따로 나타낸 것이니,

---

7 저 승음세계 운운한 것은 영인본 화엄 4책, p.239, 4행에 있다.

지금은 처음으로 곧 두 부처님의 세계에 작은 티끌 수만치 많은
세월이다.

經

有世界海하니 名普門淨光明이라

세계의 바다가 있나니 이름이 넓은 문 청정한 광명입니다.

疏

二는 辨處라 於中亦三이니 第一은 總明刹海라

두 번째는 처소를 분별한 것이다.
그 가운데 또한 세 가지가 있나니
첫 번째는 찰해刹海를 한꺼번에 밝힌 것이다.

經

此世界海中에 有世界하니 名勝音이라 依摩尼華網海住하며 須
彌山微塵數世界로 而爲眷屬하며 其形正圓하며 其地具有無量
莊嚴하며 三百重衆寶樹輪圍山이 所共圍遶하며 一切寶雲이 而
覆其上하며 淸淨無垢한 光明照耀하며 城邑宮殿이 如須彌山하
며 衣服飮食이 隨念而至하며 其劫名曰種種莊嚴이라

이 세계의 바다 가운데 세계가 있나니 이름이 승음입니다.
마니 꽃 그물의 바다를 의지하여 안주하며
수미산의 작은 티끌 수만치 많은 세계로 권속을 삼았으며
그 형상이 방정하고 둥글며
그 땅이 한량없는 장엄을 갖추고 있으며
삼백중으로 수많은 보배 나무 윤위산이 함께 에워싼 바이며
일체 보배 구름이 그 위를 덮었으며
청정하여 때가 없는 광명이 비추며
성읍과 궁전이 수미산과 같으며
의복과 음식이 생각을 따라 이르며
그 세월(劫)의 이름을 말하면 가지가지로 장엄한 것입니다.

疏

第二에 此世界海下는 別明一刹이니 略無刹種이라 刹名勝音者는

多佛出世하야 說法音故라 次彰其相하고 後說劫名은 可知라

제 두 번째 이 세계의 바다라고 한 아래는 한 세계를 따로 밝힌
것이니
찰종刹種은 생략하고 없다.
세계의 이름을 승음이라고 한 것은 수많은 부처님이 세상에 출현하
여 법음을 설하는 까닭이다.
다음[8]에 그 세계의 모습을 밝히고 뒤에 세월의 이름(劫名)을 설한
것은 가히 알 수가 있을 것이다.

---

8 다음이라고 한 것은 경문에 마니 꽃 그물의 바다를 의지하여 안주한다고
  한 이하이다.

經

諸佛子야 彼勝音世界中에 有香水海하니 名淸淨光明이라

모든 불자여, 저 승음의 세계 가운데 향수해가 있나니 이름이
청정한 광명입니다.

疏

第三에 諸佛子야 彼勝音下는 的指一方이니 如今娑婆中에 別說
一四天下也라 於中亦三이니 初는 總明感應之處요 第二에 諸佛
子야 此林東下는 別明能感居人이요 第三에 諸佛子야 彼大林中
下는 別顯道場嚴事라 今初有三하니 初明香海者는 非持種之海
니 卽如今四洲之海耳라

저 세 번째 모든 불자여, 저 승음의 세계라고 한 아래는 적실하게
한 방위를 가리킨 것이니
지금에 사바세계 가운데 한 사천하를 따로 설한 것과 같다.
그 가운데 또한 세 가지가 있나니
처음에는 감응하는 처소를 한꺼번에 밝힌 것이요
제 두 번째 모든 불자여, 이 숲 동쪽이라고 한 아래는 능히 감응하여
거처하는 사람을 따로 밝힌 것이요
제 세 번째 모든 불자여, 저 보배 꽃 가지 바퀴 큰 숲 가운데라고
한 아래는 도량을 장엄한 사실을 따로 나타낸 것이다.

지금은 처음으로 세 가지가 있나니

처음에 향수해를 밝힌 것은 능지·소지[9]의 찰종 가운데 세계가 아
니니,

곧 지금에 사주四洲의 바다와 같다.

---

9 원문에 지종持種이라고 한 것은 곧 능지能持·소지所持의 찰종刹種이다. 경문에
 는 승음세계(지종持種) 가운데 유향수해有香水海(지해之海)라 하였다.

經

其海中에 有大華須彌山出現하니 名華焰普莊嚴幢이라 十寶欄
楯이 周匝圍遶하니라

그 향수해 가운데 큰 연꽃 수미산이 출현하여 있나니 이름이 연꽃
불꽃으로 널리 장엄한 당기입니다.
열 가지 보배 난간이 두루 에워쌌습니다.

疏

二에 其海下는 海出華山이라

두 번째 그 향수해 가운데라고 한 아래는 향수해에서 연꽃 산이
나온 것이다.

經

於其山上에 有一大林하니 名摩尼華枝輪이라 無量華樓閣과 無量寶臺觀이 周廻布列하며 無量妙香幢과 無量寶山幢이 逈極莊嚴하며 無量寶芬陀利華가 處處敷榮하며 無量香摩尼蓮華網이 周匝垂布하며 樂音和悅하며 香雲照耀호대 數各無量하야 不可紀極하며 有百萬那由他城이 周匝圍遶하며 種種衆生이 於中止住하니라

그 산 정상에 하나의 큰 숲이 있나니 이름이 마니 꽃 가지 바퀴입니다.
한량없는 연꽃 누각과 한량없는 보배 전망대가 두루 돌아 펼쳐져 나열되었으며
한량없는 묘한 향 당기와 한량없는 보배 산 당기가 멀리까지 지극하게 장엄되었으며
한량없는 보배 분타리 꽃이 곳곳에 피었으며
한량없는 향기 마니 연꽃 그물이 두루 돌아 내려 펼쳐졌으며
즐거운 음성이 화평하고 기쁘게 하며
향기 구름이 비추되 그 수가 각각 한량이 없어서 가히 적어 다할 수 없으며
백만 나유타 성이 두루 돌아 에워싸고 있으며
가지가지 중생들이 그 가운데 그쳐 머뭅니다.

疏

三에 於其山下는 明山頂之林이니 先은 標擧요 後는 顯嚴이라 說此
林者는 佛於中現也요 說城居人者는 總擧所化也라

세 번째 그 산 정상이라고 한 아래는 산 정상에 숲을 밝힌 것이니
먼저는 숲의 이름을 표하여 거론한 것이요
뒤에는 장엄을 나타낸 것이다.
이 숲을 말한 것은 부처님이 이 숲 가운데 나타난 때문이요
성에 거처하는 사람을 말한 것은 교화할 바 중생을 모두 거론한
것이다.

經

諸佛子야 此林東에 有一大城하니 名焰光明이라 人王所都며 百
萬億那由他城이 周匝圍遶하며

모든 불자여, 이 숲 동쪽에 하나의 큰 성이 있나니 이름이 불꽃
광명입니다.
인왕人王이 도읍한 바이며
백만억 나유타 성이 두루 돌아 에워쌌으며

疏

第二는 別明能感居人이라 於中亦三이니 初는 標主伴二城이요 二
는 釋主城이요 三은 釋伴城이라 今初는 雖有天城이나 以佛出故로
人城爲主이라

제 두 번째는 능히 감응하여 거처하는 사람을 따로 밝힌 것이다.
그 가운데 또한 세 가지가 있나니
처음에는 주主·반伴의 두 성城을 표한 것이요
두 번째는 주성主城을 해석한 것이요
세 번째는 반성伴城을 해석한 것이다.
지금은 처음으로 비록 천성天城이 있으나 부처님이 출현하는 까닭으
로 인성人城이 주성主城이 되는 것이다.

經

淸淨妙寶로 所共成立하며 縱廣各有七千由旬하며 七寶爲廓하
며 樓櫓却敵이 悉皆崇麗하며 七重寶壍에 香水盈滿하며 優鉢羅
華와 波頭摩華와 拘物頭華와 芬陀利華가 悉是衆寶로 處處分布
하야 以爲嚴飾하며 寶多羅樹가 七重圍遶하며 宮殿樓閣이 悉寶
莊嚴하며 種種妙網을 張施其上하며 塗香散華하야 芬瑩其中하
며 有百萬億那由他門이 悉寶莊嚴하며 一一門前에 各有四十九
寶尸羅幢이 次第行列하며 復有百萬億園林이 周匝圍遶하며 其
中皆有種種雜香과 摩尼樹香이 周流普熏하며 衆鳥和鳴에 聽者
歡悅하니라

청정하고 묘한 보배로 함께 성립한 곳이며
가로 세로가 각각 또한 칠천 유순이며
칠보로 성곽을 삼았으며
성의 망루望樓[10]와 각적却敵이 다 높고 아름다우며
칠중의 보배 해자[11]에 향수가 넘쳐나며
우발라 꽃과 파두마 꽃과 구물두 꽃과 분타리 꽃[12]이 다 수많은
보배로써 곳곳에 분포하여 장엄하고 꾸몄으며

---

10 누로樓櫓는 성城의 망루이다. 櫓는 방패, 망루 로 자이다.

11 참壍은 해자 참 자이다.

12 우발라 꽃은 청련靑蓮, 파두마 꽃은 홍련紅蓮, 구물두 꽃은 황련黃蓮, 분타리
꽃은 백련白蓮이다.

보다라 나무가 칠중으로 에워쌌으며

궁전과 누각이 다 보배로 장엄되었으며

가지가지 묘한 그물을 그 위에 펼쳐 놓았으며

향을 바르고 꽃을 흩어 그 가운데가 향기가 나고 빛나며[13]

백만억 나유타 문이 다 보배로 장엄하고 있으며

낱낱 문 앞에 각각 마흔아홉 개의 보배 시라[14] 당기가 차례로 줄지어 나열되어 있으며

다시 백만억 동산 숲이 두루 돌아 에워싸고 있으며

그 가운데 다 가지가지 뒤섞인 향기와 마니 나무의 향기가 두루 흘러나와 널리 풍기며

수많은 새들이 화음으로 노래함에 듣는 사람이 환희하고 기뻐하였 습니다.

疏

二에 淸淨下는 廣釋主城이니 於中에 先顯處嚴이라 城上守禦曰櫓 요 繞城하고 別築土臺曰却敵이라 優鉢羅等은 卽靑赤黃白의 四色 蓮華라

두 번째 청정하고 묘한 보배라고 한 아래는 주성主城을 폭 넓게

---

13 향기(芬)는 향을 바름에 비견하고, 빛난다(瑩)는 것은 꽃을 흩는다는 것에 비견하는 것이다.

14 시라尸羅는 시라바라밀이니 계율이라 번역한다.

해석한 것이니

그 가운데 먼저는 처소[15]의 장엄을 나타낸 것이다.

성 위에 지키고 방어하는 것을 노로櫓라 말하고

성을 에워싸고 따로 토대土臺를 쌓는 것을 각적却敵이라 말한다.

우발라 꽃이라고 한 등은 곧 청·황·적·백 네 가지 색상의 연꽃이다.

---

15 처소는 곧 성城을 말한다.

經

此大城中에 所有居人이 靡不成就業報神足하야 乘空往來하며
行同諸天하며 心有所欲이면 應念皆至하니라

이 큰 성 가운데 있어 거처하는 바 사람이 업보로 신통을 성취하여
허공을 타고 왕래하며, 행동이 모든 하늘과 같으며, 마음에 하고자
하는 바가 있으면 생각에 응하여 다 이르게 하지 아니함이 없었습
니다.

疏

後에 此大城下는 彰其人勝이라

뒤에 이 큰 성 가운데라고 한 아래는 그곳에 거처하는 사람이 수승함
을 밝힌 것이다.

經

其城次南에 有一天城하니 名樹華莊嚴이요

其次右旋하야 有大龍城하니 名曰究竟이요

次有夜叉城하니 名金剛勝妙幢이요

次有乾闥婆城하니 名曰妙宮이요

次有阿脩羅城하니 名曰寶輪이요

次有迦樓羅城하니 名妙寶莊嚴이요

次有緊那羅城하니 名遊戲快樂이요

次有摩睺羅城하니 名金剛幢이요

次有梵天王城하니 名種種妙莊嚴이라

如是等百萬億那由他數하니라

그 성 다음으로 남쪽에 한 천성天城이 있나니 이름이 나무 꽃으로
장엄한 것이요
그 다음 오른쪽으로 돌아 큰 용성龍城이 있나니 이름16이 구경이요
다음으로 야차성이 있나니 이름이 금강의 수승하고 묘한 당기요
다음으로 건달바성이 있나니 이름이 묘한 궁전이요
다음으로 아수라성이 있나니 이름이 보배 바퀴요
다음으로 가루라성이 있나니 이름이 묘한 보배로 장엄한 것이요
다음으로 긴나라성이 있나니 이름이 노닐며 희롱하고 쾌락하는

---

16 원문에 명왈名曰이라 한 왈曰 자는 통일성을 기하기 위하여 번역하지 않았다.

것이요

다음으로 마후라성이 있나니 이름이 금강의 당기요

다음으로 범천왕성이 있나니 이름이 가지가지로 묘하게 장엄한 것입니다.

이와 같은 등 백만억 나유타 수만치 많은 성城이 있습니다.

疏

其城次南下는 三에 略釋伴城이라 於中二니 先은 辨城名과 居類라

그 성 다음으로 남쪽이라고 한 아래는 세 번째 반성伴城을 간략하게 해석한 것이다.

그 가운데 두 가지가 있나니

먼저는 성의 이름과 거처하는 유형을 분별한 것이다.

經

此一一城에 各有百萬億那由他樓閣이 所共圍遶하며 一一皆有
無量莊嚴하니라

이 낱낱 성에 각각 백만억 나유타 누각이 함께 에워싸고 있는
바이며
낱낱이 다 한량없는 장엄이 있습니다.

疏

後에 此一一下는 顯圍繞莊嚴이니 世界不同하고 安立少異를 不可
例此也라

뒤에 이 낱낱 성이라고 한 아래는 에워싸고 장엄한 것을 나타낸
것이니

세계가 같지 않고[17] 안립이 조금 다른 것을 가히 여기에 비례(例)하지

---

17 세계가 같지 않다고 한 것은, 어떤 사람이 이 승음세계에 인간과 천상 사람이
   같이 거처함을 보고 도리어 사바세계 등에 인간과 천상 사람이 각각 달리
   거처함을 보고 의심할까 염려하기에 그런 까닭으로 여기에 비례하지 말라고
   그렇게 말한 것이니, 이미 안립이 같지 않다고 하였다면 곧 다른 세계를
   가져 이 사바세계와 같다고 비례하여 스스로 괴이한 의심을 내지 말 것이다.
   이상은 『잡화기』의 말이다.

말 것이다.[18]

원문에 예차例此에서 此는 비로자나품毘盧遮那品 중 사바차성娑婆此城이다.
『유망기』는 타세계他世界를 여기 승음세계에 비례하지 말라고도 해석하였다.

經

諸佛子야 此寶華枝輪大林之中에 有一道場하니 名寶華遍照라
以衆大寶로 分布莊嚴하며 摩尼華輪이 遍滿開敷하며 然以香燈
에 具衆寶色하며 焰雲彌覆하며 光網普照하며 諸莊嚴具에 常出
妙寶하며 一切樂中에 恒奏雅音하며 摩尼寶王이 現菩薩身하며
種種妙華가 周遍十方하니라

모든 불자여, 이 보배 꽃 가지 바퀴 큰 숲 가운데 한 도량이 있나니
이름이 보배 꽃이 두루 비추는 것입니다.
수많은 큰 보배로써 분포하여 장엄하였으며
마니 꽃 바퀴가 두루 가득히 피었으며
향과 등을 켬에 수많은 보배 색상을 갖추었으며
불꽃 구름이 가득히 덮었으며
광명의 그물이 널리 비추며
모든 장엄구에서 항상 묘한 보배를 내며
일체 음악 가운데 항상 맑은 음성을 연주하며
마니 보배왕이 보살의 몸을 나타내며
가지가지 묘한 꽃이 시방에 두루합니다.

疏

第三은 明道場이라 於中에 先辨場嚴이라

제 세 번째는 도량을 밝힌 것이다.

그 가운데 먼저는 도량의 장엄을 분별한 것이다.

經

其道場前에 有一大海하니 名香摩尼金剛이요 出大蓮華하니 名
華蘂焰輪이라
其華廣大하야 百億由旬이며 莖葉鬚臺가 皆是妙寶며 十不可說
百千億那由他蓮華가 所共圍遶하며 常放光明하며 恒出妙音하
야 周遍十方하니라

그 도량 앞에 하나의 큰 바다가 있나니 이름이 향기 마니 금강이요
큰 연꽃이 출생하였으니 이름이 꽃술 불꽃 바퀴입니다.
그 꽃이 광대하여 백억 유순이며
줄기와 잎과 수술과 꽃받침대가 다 이 묘한 보배이며
열 곱절 가히 말할 수 없는 백천억 나유타 연꽃이 함께 에워싼
바이며
항상 광명을 놓으며
항상 묘한 음성을 내어 시방에 두루합니다.

疏

二에 其道場前下는 明蓮華香海이니 爲佛現故라

두 번째 그 도량 앞이라고 한 아래는 연꽃과 향기 바다를 밝힌
것이니
부처님이 나타낸 까닭이다.

經

諸佛子야 彼勝音世界의 最初劫中에 有十須彌山微塵數如來가
出興於世하니

모든 불자여, 저 승음세계의 최초의 세월[19] 가운데 열 수미산에
작은 티끌 수만치 많은 여래가 세상에 출흥하여 있었나니

疏

大文第三은 別顯時中本事라 文分爲二리니 先은 總擧劫中多佛
이요 後에 其第一下는 一一別顯하야 正彰本事니 經來不盡일새
故無總結이라 今初니 將欲說別하야 先擧其總이라 言最初劫者는
卽種種莊嚴劫也라 旣云最初인댄 卽此後에 更有大劫이라도 於理
無違리라

큰 문장 제 세 번째는 최초의 시간 가운데 본래 섬긴 부처님을
따로 나타낸 것이다.
문장을 나누어 두 가지로 하리니
먼저는 최초 세월 가운데 수많은 부처님을 한꺼번에 거론한 것이요

---

19 원문에 最初劫이라고 한 것은 장엄일대겁莊嚴一大劫이 성주괴공成住壞空의
사겁四劫이 있거늘, 지금에 최초라 말한 것은 곧 그 성겁成劫을 말하는 것이다.
나머지는 이 아래 초문鈔文에 자세히 설명하였다. 그 어찌 번거롭다고만
하겠는가. 이상은 『잡화기』의 말이다.

뒤에 그 첫 번째 부처님의 이름이라고 한 아래는 낱낱이 따로 나타내어 본래 섬긴 부처님을 바로 밝힌 것이니,

경이 전래되면서 다 전래되지 못하였기에 그런 까닭으로 총결總結하는 말이 없다.

지금은 처음으로 장차 따로 설하고자 하여 먼저 그 총설總說을 거론한 것이다.

최초의 세월이라고 말한 것은 곧 가지가지로 장엄한 세월이다. 이미 최초의 세월이라고 말하였다면 곧 이 뒤에 다시 큰 세월(大劫)이 있을지라도 이치에 어긋남이 없을 것이다.

鈔

此後에 更有大劫者는 此遮破也니 謂靜法云호대 準下文인댄 大劫에 有恒河沙數小劫하니 人壽二小劫이요 初佛壽는 五十億歲라 威光이 歷事三佛하고 轉報生天이라하얏거니와 今云호대 最初劫中에 有十須彌山塵數佛者는 爲彼刹中에 更有多箇大劫하니 此初大耶아 爲諸小劫中에 取小初耶아하니 釋曰上引文案定하야 雙開二關이라 次云호대 若就小劫인댄 初不應威光이 一報에 但遇三佛이요 若就大劫인댄 初一刹之中에 寧有多大리요하니 釋曰雙釋二關이니 謂人壽二小劫이라하니 一小劫中에 有須彌山塵數佛故로 不應一報에 但遇三佛이라 言寧有多大者는 如一賢劫에 則無多大하니라 次云호대 故知하라 此文에 最初劫之三字를 應迴云劫最初라하고 仍移此三字를 於後

行의 出興於世라는 其字之下하면 卽無過也라하니 釋曰此立正理라
具足迴文하야 合云호대 彼勝音世界中에 有十須彌山微塵數如來가
出興於世하니 其劫最初에 第一佛號는 一切功德山須彌勝雲也라하
면 此正甚善이나 今不欲繁擧하야 出經之過하야 强以理通最初劫言
耳니라 云更有大者는 義當中劫이나 順靜法意하야 言更有大耳니라
如大賢劫에 有二十增減이 爲中劫이요 第十五劫에 有九百九十四
佛出世가 則一劫中에 容多佛矣니 但彼淨劫時長일새 故一劫中에
有十須彌山塵數佛矣니라 然이나 不欲斥經이며 不急修行일새 故로
存略理通이언정 非斥淨法이 正不當也니라

이 뒤에 다시 큰 세월이 있다고 한 것은 이것은 막아서 파하는
것이니

말하자면 정법원공이 말하기를 아래 문장을 기준한다면 큰 세월(大
劫)에 항사사수 작은 세월(小劫)이 있나니 사람의 수명은 두 작은
세월(二小劫)이요, 처음 부처님의 수명은 오십억 세이다. 대위광
동자가 세 부처님을 역참하여 모시고 과보를 전전(轉)하여 하늘에 태어났
다[20] 하였거니와, 지금에 말하기를 최초의 세월 가운데 열 수미산에

---

20 대위광 운운한 것은 이 아래 영인본 화엄 4책, p.288, 7행에 있다. 세 부처님이라
고 한 것은 네 부처님이나 처음 부처님을 제외하니 세 부처님이다. 네 부처님은
이 아래 영인본 화엄 4책, p.242, 2행 소문에 있고 이 아래 경문에 자세히
설명하고 있다. 세 부처님을 역참하여 모시고 과보를 전하여 하늘에 태어났다
고 한 것은 이 아래로부터 영인본 화엄 4책, p.318, 7행까지를 약설한 것이니
영인본 화엄 4책, p.318, 7행에 결설(結說)하여 말하기를 이 대위광이 여기에서

작은 티끌 수만치 많은 부처님이 있다고 한 것은 저 세계[21] 가운데 다시 많은 개수의 큰 세월이 있나니 이것이 최초의 큰 세월인가. 모든 작은 세월 가운데 작은 세월의 최초를 취함이 되는가 하였으니, 해석하여 말하면 이상은 경문을 이끌어 안찰하고 결정하여 두 세월 (二劫)[22]의 관계를 함께 연 것이다.

다음에 말하기를 만약 작은 세월에 나아간다면 최초에 응당 대위광 동자가 일보一報에 다만 세 부처님만 만난 것이 아니요

만약 큰 세월에 나아간다면 최초에 한[23] 세계 가운데 어찌 많은 큰 세월이 있겠는가 하였으니,

해석하여 말하면 두 세월(二劫)의 관계를 함께 해석한 것이니 말하자면 사람의 수명은 두 작은 세월(二小劫)이라 하니 한 작은 세월(一小劫) 가운데 수미산에 작은 티끌 수만치 많은 부처님이 있는 까닭으로 응당 일보一報에 다만 세 부처님만 만난 것이 아니다. 어찌 많은 큰 세월이 있겠는가 하고 말한 것은 한 현재의 세월(賢劫)[24]에 곧 수많은 큰 세월이 없는 것과 같다.

다음에 말하기를[25] 그런 까닭으로 알아라. 이 문장에 최초 겁이라는

목숨이 마쳐 수미산 정상 고요한 보배 궁전 하늘 성城 가운데 태어났다 하였다. 『잡화기』는 세 부처님을 역참하여 모셨다고 한 것은 우선 일생에 모신(섬긴) 바를 말한 까닭이니, 만약 네 번째 부처님인즉 제 이생二生에서 섬길 수 있는 것이다 하였다.

21 저 세계란, 저 승음세계이다.

22 원문에 이겁二劫은 대겁大劫과 소겁小劫이다. 즉 큰 세월과 작은 세월이다.

23 원문에 일초一初는 초일初一이라 해야 옳다.

24 원문에 현겁賢劫은 현재現在의 대겁大劫을 말한다. 즉 대현겁大賢劫이다.

세 글자를 응당 돌이켜 겁 최초라 말하고, 이어 이 세 글자(劫最初)를 뒷줄 출홍어세出興於世라는 그 글자 아래로 옮기면 곧 허물이 없을 것이다 하였으니,

해석하여 말하면 이것은 바른 논리를 세운 것이다.

구족하게 경문을 돌이켜서 합당히 말하기를 저 승음의 세계 가운데 열 수미산에 작은 티끌 수만치 많은 여래가 세상에 출홍하여 있었나니 그 세월의 최초에 첫 번째 부처님은 이름이 일체 공덕산에 수미의 수승한 구름(彼勝音世界中 有十須彌山微塵數如來 出興於世 其劫最初 第一佛號 一切功德山須彌勝雲)이라 하면 이것은 바로 매우 좋은 논리이지만, 지금에는 번잡하게 거론하여 경의 허물을 드러내어 억지 이치로써 최초의 세월(最初劫)이라는 말을 통석하고자 하지 아니하였을 뿐이다.[26]

다시 큰 세월이 있다고 말한 것은 그 뜻이 중간 세월(中劫)에 해당하지만 정법의 뜻을 따라서[27] 다시 큰 세월이 있다고 말하였을 뿐이다.

---

25 원문에 차운次云이란, 역시 정법원공靜法苑公의 위에 이은 말이다.

26 통석하고자 아니하였을 뿐이라고 한 것은 그렇게 말하지 않아도 다 안다고 그윽이 원공苑公을 배척하는 말이다. 그러나 뒤에 논리가 합당하지 않아도 배척한 것은 아니라고 말하고 있다.

27 정법의 뜻을 따른다고 한 등은, 저 정법이 세운 바 바른 이치라고 하는 것을 따르는 것을 말한 것이 아니라 다만 이것은 저 정법이 수많은 큰 세월이 없다고 한 말을 따라 다시 수많은 큰 세월이 있다 해도 방해롭지 아니함을 반대로 나타낸 것이다. 역시 『잡화기』의 말이다.

큰 현재 세월(大賢劫)에 이십 증감增減이 있는 것이 중간 세월(中劫)이 되고,[28] 제십오 세월에 구백구십 네 부처님[29]이 세상에 출흥하여 있는 것이 곧 한 세월(一劫) 가운데 수많은 부처님을 용납하는 것과 같나니,

다만 저 맑은 세월(淨劫)[30]의 시간이 길기에 그런 까닭으로 한 세월 가운데 열 수미산에 작은 티끌 수만치 많은 부처님이 있다고 하였을

---

28 이십 증감增減이 있는 것이 중간 세월이 된다고 한 것은 보통 말한 바 성·주·괴·공 사四중겁의 뜻이니 월자 하권月字下卷과 구사론 팔십 중간 세월(八十中劫)의 뜻으로 더불어 따로 한 뜻을 나타낸 것이다. 증감 세월(劫)은 녹로 세월(轆轤劫)이라고도 한다. 즉 도르래 세월(劫)이다.

29 제십오 세월에 구백구십 네 부처님이라고 한 등은 제십오 세월은 그 뜻이 작은 세월을 가리키고, 한 세월 가운데라고 한 것은 그 뜻이 중간 세월을 가리킨다. 말하자면 이미 한 작은 세월 가운데 스스로 구백구십 네 부처님이 있었다면 곧 한 중간 세월 가운데 수많은 부처님이 있음을 용납하는 것이다. 구백구십 네 부처님이라고 한 것은 모두 일천 부처님이 있지만 이미 네 부처님이 있었고, 제십 감소하는 세월(減劫)에 미륵부처님이 출현하면 다섯 부처님이 되고, 최후 감소하는 세월에 누지부처님이 출현하면 여섯 부처님이 되나니 모두 합하면 일천 부처님이 되는 것이다.

30 다만 저 맑은 세월(淨劫)이라고 한 등은 어떤 사람이 비난하여 말하기를 이상에서는 이미 큰 세월 가운데 수많은 부처님으로 증거를 삼았거니와 여기 중간 세월에 부처님은 다분히 일천 부처님을 벗어나지 않고 저 장엄 세월의 최초 세월(劫)은 열 수미산 미진수 부처님이 있다고 말한다면 어찌 가히 여기에 적은 것으로 저기에 많은 부처님을 증거하는가 할까 염려하기에 그런 까닭으로 이 통석을 한 것이다. 여기는 더러운 세월(染劫)이고 저기는 맑은 세월(淨劫)이다. 더러운 세월과 깨끗한 세월이 이미 다른 까닭으로 많고 적은 것이 혹 다르기도 한 것이다. 역시 다 『잡화기』의 말이다.

뿐이다.

그러나 경을 배척하고자 한 것이 아니며 수행에 급한 것도 아니기에[31] 그런 까닭으로 간략하게 논리를 두어 통석하였을지언정 정법의 논리가 바로 합당하지 않다고 배척한 것은 아니다.

---

31 수행에 급한 것도 아니라고 한 것은, 그 뜻에 말하기를 구구하게 괴정하는 것이 따로 수행하는 것보다 긴급한 것이 아니다는 것이다. 『잡화기』의 말이다.

經

其第一佛은 號一切功德山須彌勝雲이라

그 첫 번째 부처님은 이름이 일체 공덕산에 수미의 수승한 구름입
니다.

疏

第二는 正顯本事라 於中에 歷事四佛이 卽爲四別이니 第一은 逢
一切功德山須彌勝雲佛이요 第二는 波羅蜜善眼莊嚴佛이요 第
三은 最勝功德海佛이요 第四는 名稱普聞蓮華眼幢佛이니 各有
諸佛子言이라 就初佛中하야 文分爲六하리니 第一은 總標佛號요
第二는 先瑞熟機요 第三은 正顯佛興이요 第四는 毫光警召요 第
五는 當機雲集이요 第六은 廣演法門이라 今初也라 一切功德山者
는 福德崇峻하야 不可仰也요 復言須彌者는 定慧高妙하야 難傾動
也요 言勝雲者는 慈覆智潤이 廣無邊也라

제 두 번째는 본래 섬긴 부처님을 바로 나타낸 것이다.
그 가운데 네 부처님을 역참하여 모신 것이 곧 네 가지 다름이
되나니,
첫 번째는 일체 공덕산에 수미의 수승한 구름 부처님을 만난 것이요
제 두 번째는 바라밀의 좋은 눈으로 장엄한 부처님이요
제 세 번째는 가장 수승한 공덕 바다의 부처님이요

제 네 번째는 이름이 널리 들리는 연꽃 눈 당기 부처님이니 각각 제불자諸佛子라는 말이 있다.

처음 부처님 가운데 나아가 문장을 나누어 여섯 가지로 하리니

첫 번째는 부처님의 이름을 한꺼번에 표한 것이요

제 두 번째는 상서로운 모습을 먼저 나타내어 근기를 성숙케 한 것이요

제 세 번째는 바로 부처님이 출흥함을 나타낸 것이요

제 네 번째는 백호 광명으로 경계하여 부른 것이요

제 다섯 번째는 당기當機가 구름처럼 모인 것이요

제 여섯 번째는 널리 법문을 연설한 것이다.

지금은 처음으로 일체 공덕산이라고 한 것은 복덕의 산이 높고 높아 가히 우러러 볼 수 없는 것이요

다시 수미라고 말한 것[32]은 선정과 지혜가 높고 묘하여 기울게 하거나 움직이게 하기 어려운 것이요

수승한 구름이라고 말한 것은 자비로 덮어주고 지혜로 윤택케 하는 것이 넓고 끝이 없다는 것이다.

---

32 다시 수미라고 말한 것이란, 위에서 십수미十須彌라고 말하고 지금에 다시 공덕산수미功德山須彌라 하니 다시 말하였다는 것이다.

經

諸佛子야 應知하라 彼佛將出現時에 一百年前에

모든 불자여, 응당히 알아야 합니다.
저 부처님이 장차 출현하려 하실 때 일백 년 전에

疏

第二에 諸佛子下는 先瑞熟機니 分二리라 初는 現瑞熟機요 二에
其世界中下는 觀瑞機熟이라 前中三이니 初는 標現時니 謂百年前
이라

제 두 번째 모든 불자여라고 한 아래는 상서로운 모습을 먼저 나타내
어 근기를 성숙케 한 것이니
두 가지로 분류하겠다.
처음에는 상서로운 모습을 나타내어 근기를 성숙케 한 것이요
두 번째 그 세계 가운데라고 한 아래는 상서로운 모습을 보고 근기가
성숙한 것이다.
앞의 성숙케 한 가운데 세 가지가 있나니,
처음에는 부처님이 나타난 시간을 표한 것이니
말하자면 백 년 전이다.

經

此摩尼華枝輪大林中에 一切莊嚴이 周遍淸淨하니 所謂出不思議寶焰雲하며 發歡佛功德音하며 演無數佛音聲하며 舒光布網하야 彌覆十方하며 宮殿樓閣이 互相照耀하며 寶華光明이 騰聚成雲하며 復出妙音하야 說一切衆生이 前世所行인 廣大善根하며 說三世一切諸佛名號하며 說諸菩薩의 所修願行과 究竟之道하며 說諸如來의 轉妙法輪한 種種言辭니

이 마니 꽃 가지 바퀴 큰 숲 가운데 일체 장엄이 두루 청정하였나니

말하자면 사의할 수 없는 보배 불꽃 구름을 출생하며

부처님의 공덕을 찬탄하는 음성을 일으키며

수없는 부처님의 음성을 연설하며

광명을 펴고 그물을 펼쳐 시방을 가득히 덮었으며

궁전과 누각이 서로서로 비추며

보배 꽃 광명이 올라와 모이어 구름을 이루며

다시 묘한 음성을 내어 일체중생이 전세에 행한 바 광대한 선근을 연설하며

삼세에 일체 모든 부처님의 이름을 연설하며

모든 보살이 닦은 바 원행과 구경의 도를 연설하며

모든 여래가 묘한 법륜을 전한 가지가지 말씀을 연설한 것이니

疏

此摩尼下는 正顯瑞相이니 有其十種이라 於中에 說前世所行者는
示其種子가 將成熟故요 說佛名號는 令憶念故요 說大行願은 使
修發故요 說轉法輪은 使當聽習하야 生法眼故라

이 마니 꽃 가지 바퀴 큰 숲이라고 한 아래는 바로 상서로운 모습을
나타낸 것이니 그것이 열 가지가 있다.
그 가운데 전세에 행한 바라고 말한 것은 그 종자가 장차 성숙함을
시현한 까닭이요
부처님의 이름을 연설[33]하였다고 한 것은 하여금 기억하여 생각케
하는 까닭이요
큰 행원을 연설하였다고 한 것은 하여금 수행을 일으키게 하는
까닭이요
법륜을 전한 말씀을 연설하였다고 한 것은 하여금 마땅히 듣고
익혀서 진리의 눈을 생기게 하는 까닭이다.

---

33 불설佛說은 설불說佛이라 해야 한다.

經

現如是等의 莊嚴之相은 顯示如來가 當出於世하니라

이와 같은 등 장엄의 모습을 나타낸 것은 여래가 마땅히 세상에
출현할 것임을 현시한 것입니다.

疏

後에 現如是下는 結瑞意也라

뒤에 이와 같은 등 장엄의 모습을 나타낸 것이라고 한 아래는 상서를
나타낸 뜻을 맺는 것이다.

經

其世界中에 一切諸王이 見此相故로 善根成熟하야 悉欲見佛코
자 而來道場하니라

그 세계 가운데 일체 모든 왕이 이 장엄의 모습을 본 까닭으로
선근이 성숙하여 다 부처님을 친견하고자 이 도량에 왔습니다.

疏

二는 機熟이니 可知라

두 번째는 근기가 성숙한 것이니 가히 알 수가 있을 것이다.

經

爾時에 一切功德山須彌勝雲佛이 於其道場大蓮華中에 忽然
出現하시니

그때에 일체 공덕산에 수미의 수승한 구름 부처님이 그 도량의
큰 연꽃 가운데 홀연히 출현하시니

疏

第三에 爾時下는 正顯佛興이라 於中分二리니 初는 一處道成이요
二에 如於下는 結通廣遍이라 初中先總이라

제 세 번째 그때라고 한 아래는 바로 부처님이 출흥하신 때를 나타낸
것이다.
그 가운데 두 가지로 분류하리니
처음에는 한 곳에서 도를 성취하신 것이요
두 번째 이 청정한[34] 광명의 향수해에 꽃 불꽃으로 장엄한 당기의
수미산 정상에 마니 꽃 가지 바퀴 큰 숲 가운데 그 몸을 나타내어
그 자리에 앉으심과 같다고 한 아래는 널리 두루함을 맺어 통석한
것이다.
처음에 도를 성취한 가운데 먼저는 한꺼번에 표한(總標) 것이다.

---

34 이 청정 운운은 여如 자 때문에 경문을 다 인용하였다.

經

其身周普하야 等眞法界하며 一切佛刹에 皆示出生하며 一切道
場에 悉詣其所하며 無邊妙色이 具足淸淨하며 一切世間이 無能
映奪하며 具衆寶相호대 一一分明하며 一切宮殿이 悉現其像하
며 一切衆生이 咸得目見하며 無邊化佛이 從其身出하며 種種色
光이 充滿世界하나라

그 몸이 널리 두루하여 진법계와 같으며
일체 부처님의 국토에 다 출생함을 시현하며
일체 도량에서 다 그곳에 나아가며
끝없는 묘한 색상이 구족하여 청정하며
일체 세간이 능히 그 빛을 빼앗을 수 없으며
수많은 보배 형상을 갖추었으되 낱낱이 분명하며
일체 궁전이 다 그 형상을 나타내며
일체중생이 다 눈으로 봄을 얻으며
끝없는 화신불이 그 몸을 좇아 출현하며
가지가지 색상의 광명이 세계에 충만합니다.

疏

後에 其身下는 別이라 別顯勝德에 略有十相하니 一은 示身相이니
法無不在하야 本自普周요 智與理冥일새 故로 等彼眞界하야 能令
色相으로 隨彼融通하야 法界塵毛에 重重全遍이라

뒤에 그 몸이라고 한 아래는 따로 나타낸 것이다.

따로 수승한 공덕을 나타냄에 간략하게 십상이 있나니

첫 번째는 신상身相을 시현한 것이니

법신은 있지 않은 곳이 없어서 본래 스스로 널리 두루한 것이요, 지혜는 진리(理)로 더불어 명합하기에 그런 까닭으로 저 진법계와 같아서 능히 색상신으로 하여금[35] 저 법신을 따라 융통케 하여 법계 티끌 수 털구멍에 중중으로 온전히 두루하게 한 것이다.

鈔

略有十相者下는 結云호대 大同經初라하니 卽敎主難思의 十身相也라 初一은 卽法身이니 經에 以身智無礙로 而爲法身이니 便融色相等하야 爲一法身은 以初身으로 爲總故라 法無不在하야 本自普周는 卽釋經의 其身周普니 是法性身이라 智與理冥者는 釋經의 等眞法界니 此是報身이며 亦如智也라 故金光明云호대 唯如如와 及如如智가 獨存이라하니 爲法身故라 能令色相下는 以眞身周故로 令應用亦周니 吾今此身이 卽是常身法身故也라 則以三身圓融하야사 爲一眞法身矣니라 下九는 別說이라

---

[35] 능히 색상신으로 하여금이라고 한 등은, 위에 법신과 보신을 해석한 것은 곧 각각 한 구절만 취한 것이고, 지금에 색신을 해석한 것은 곧 두 구절을 모두 취한 것이다. 혹은 말하기를 색신으로 하여금 저 법신을 따라 융통케 한다고 한 것은 그 뜻이 문장 밖에 뜻을 취한 것이라 하였다. 이상은 다 『잡화기』의 말이다.

간략하게 십상이 있다고 한 아래는 맺어서 말하기를 경초經初에서
말한 것과 대동하다[36] 하였으니,
곧 교주의 사의하기 어려운 십신의 모습[37]이다.
처음에 하나는 곧 법신이니
경에 몸과 지혜가 걸림이 없음으로써 법신을 삼나니,
문득 색상등을 융통하여 한 법신을 삼은 것은 처음 법신으로써
총(總身)을 삼은 까닭이다.

법신은 있지 않는 곳이 없어서 본래 스스로 널리 두루한다고 한
것은 곧 경에 그 몸이 널리 두루한다고 한 것을 해석한 것이니,
이것은 법성신이다.

지혜는 진리로 더불어 명합한다고 한 것은 경에 진법계와 같다고
한 것을 해석한 것이니,
이것은 보신이며 또한 여여如如와 여여지如如智[38]이다.

---

36 경초經初에서 말한 것과 대동하다고 한 것은 아래 영인본 화엄 4책, p.249,
   1행에 이 십상十相을 설명하여 마치고 이 위에서 말한 것은 경초에서 말한
   것과 대동하다 하였다.

37 교주의 사의하기 어려운 십신이라고 한 등은 영인본 화엄 2책, p.469에는
   교주는 사의하기 어렵다고만 하고, 십신의 모습은 이보다 뒤에 영인본 화엄
   2책, p.476, 5행에 열거하였다. 그리고 그 뒤로 같은 책 p.476 이후로 일상一相
   씩 설파하였다.

38 여여如如와 여여지如如智는 『금광명경』과 양섭론 12권에 있는 말이다. 영인본
   화엄 6책, p.479, 4행에 있다.

그런 까닭으로 『금광명경金光明經』에 말하기를 오직 여여와 그리고
여여지만이 독존한다 하였으니
법신이 되는 까닭이다.
능히 색상신으로 하여금이라고 한 아래는 진법신이 두루한 까닭으로
응신의 작용으로 하여금 또한 두루하게 하는 것이니,
나의 지금 이 몸이 곧 이 영원한 몸 법신(常身法身)인 까닭이다.
곧 삼신이 원융하여야 하나의 참 법신이 되는 것이다.
아래 구상九相은 별신別身을 설한 것이다.

疏

二는 悲相이니 不捨因行하야 無所不生이라

두 번째는 비상悲相이니
인행因行을 버리지 아니하여 태어나지 않는 곳이 없는 것이다.

鈔

二에 悲相은 卽意生身이라

두 번째 비상이라고 한 것은 곧 의생신이다.

疏

三은 成相이니 理行時處를 爲一切道場이요 身智俱遊를 名爲普詣라

세 번째는 성상成相이니
이행理行과 시처時處를 일체 도량이라 하고
몸(身)과 지혜(智)가 함께 유행하는 것을 이름하여 널리 나아간다
하는 것이다.

鈔

三에 成相은 卽菩提身이라 理行時處를 爲道場은 並如經初하니라

세 번째 성상이라고 한 것은 곧 보리신이다.
이행理行과 시치時處[39]를 도량이라 한다고 한 것은 아울러 경초經初에
서 말한 것과 같다.

疏

四는 色相이니 湛然常住일새 稱爲妙色이요 色色無邊일새 故云具
足이요 並無質累일새 是謂清淨이라

---

39 이행理行과 시처時處라고 한 것은 이행理行은 교教·리理·행行·과果 가운데
두 가지이고, 시처時處는 육성취六成就 가운데 두 가지이다.

네 번째는 색상色相이니

담연하여 항상 머물기에 이름하여 묘색이라 하고,

색상과 색상이 끝이 없기에 그런 까닭으로 말하기를 구족이라 말하고,

아울러 바탕이 더럽혀진[40] 적이 없기에 이것을 일러 청정이라 하는 것이다.

鈔

四에 色相은 卽福德身이라 故上經云호대 三世所行인 衆福大海가 悉以淸淨이라하니 是故妙色이 爲福之果라 上經又云호대 不可思議 大劫海에 供養一切諸如來하고 普以功德施群生일새 是故端嚴最無 比라하니라

네 번째 색상이라고 한 것은 곧 복덕신이다.

그런 까닭으로 상경上經에 말하기를 삼세에 행한 바 수많은 복덕의 큰 바다가 다 청정하다 하였으니

이런 까닭으로 묘색이 복덕의 결과가 되는 것이다.

상경에 또 말하기를

가히 사의할 수 없는 큰 세월의 바다에

일체 모든 여래에게 공양하고

널리 그 공덕으로써 중생에게 시여하기에

---

40 累는 여기서는 더럽힌다는 뜻이다.

이런 까닭으로 단엄하고 가장 수승하여 비교할 데가 없다 하였다.

疏

五는 勝相이니 色容이 蔽於大衆하고 威德이 慴於群魔하야 力無畏
圓거니 何能映奪이리요

다섯 번째는 승상勝相이니
얼굴 색상이 대중을 은폐하고 위덕이 수많은 마군을 두렵게[41] 하여
힘과 무외無畏가 원만하거니 어찌 능히 그 빛을 빼앗겠는가.

鈔

五에 勝相은 卽威勢身이라

다섯 번째 승상이라고 한 것은 곧 위세신이다.

疏

六은 貴相이니 無邊寶相이 圓明可貴하야 超過聖帝일새 故曰分明
이라하니라

여섯 번째는 귀상貴相이니

---

41 慴은 두려워할 섭 자이다.

끝없는 보배의 모습이 원명하여 가히 귀貴하여 성제聖帝의 보배를 넘어 지났기에 그런 까닭으로 말하기를 분명하다 하였다.

六에 貴相은 即相好莊嚴身이라 且順三乘하야 云過聖帝라하니 俱舍頌云호대 相不正圓明일새 故與佛非等이라하니 此釋輪王相이라 今是世尊일새 故云分明이라하니 實具十蓮華藏微塵數相也라

여섯 번째 귀상이라고 한 것은 곧 상호장엄신이다.

또한 삼승三乘을 따라 말하기를 성제의 보배를 넘어 지났다 하였으니,

『구사론』게송에 말하기를 전륜왕의 모습이 바로 원명하지 않기에 그런 까닭으로 부처님으로 더불어 같지 않다 하였으니,

이것은 전륜왕의 모습을 해석한 것이다.

지금은 이 세존이기에 그런 까닭으로 말하기를 분명하다 하였으니 진실로 십 연화장 미진수의 모습을 갖춘 것이다.

七은 應相이니 不往普現이 如鏡中像이라

일곱 번째는 응상應相이니

가지 않고 널리 나타내는 것이 마치 거울 가운데 영상과 같은 것이다.

鈔

七에 應相은 卽力持身이니 如爲龍留影하야 力持不滅하니라

일곱 번째 응상이라고 한 것은 곧 역지신이니
마치 용을 위하여 그림자를 머물러 둔 것과 같아서[42] 역지力持가
사라지지 않는 것이다.

疏

八은 無礙相이니 有感斯見하야 無隔山河라

여덟 번째는 무애상無碍相이니
감응이 있으면 이에 보아서 산과 강에 막힘이 없는 것이다.

鈔

八에 無礙相은 卽願身이라 上經云호대 毘盧遮那佛願力이 周法界하
야 一切國土中에 常轉無上輪이라하니 故咸目覩라

여덟 번째 무애상이라고 한 것은 곧 원신이다.
상경上經[43]에 말하기를 비로자나 부처님의 원력이 법계에 두루하여

---

42 마치 용을 위하여 그림자를 머물러 둔 것과 같다고 한 것은 고본화엄 측자권昃字
卷 41장에 있다 하나 보이지 않는다.

일체 국토 가운데 항상 더 이상 없는 법륜을 전한다 하였으니
그런 까닭으로 다 눈으로 보는 것이다.

疏

九는 化相이니 化從眞流하야 源無有異라

아홉 번째는 화상化相이니
화신은 진신을 좇아 유출하여 원래부터 다름이 없는 것이다.

鈔

九에 化相은 卽化身이라

아홉 번째 화상이라고 한 것은 곧 화신이다.

疏

十은 吉祥相이니 身智光照가 普稱世間이라 此上은 大同經初하니라

열 번째는 길상상吉祥相이니
신身·지智의 광명을 비추는 것이 널리 세간에 칭합하게 하는 것이다.
이 위에서 말한 것은 경초經初에서 말한 것과 크게는 같다.[44]

---

43 상경上經이란, 역시 영인본 화엄 2책, p.469이다.

十에 吉祥相은 卽智身이니 正在智光이요 傍兼身光耳라 是知此經에
引昔因緣이 亦皆圓妙니라

열 번째 길상상이라고 한 것은 곧 지신이니
정석으로는 지광智光에 있고, 방석傍釋으로는 신광身光도 겸하였다.
이에 이 경에서 옛날에 인연을 인용한[45] 것이 또한 다 원묘한 줄
알아야 할 것이다.

---

44 경초經初에서 말한 것과 같다고 한 것은 역시 영인본 화엄 2책, p.469이다.
45 이 경에서 옛날에 인연을 인용하였다고 한 것은 영인본 화엄 4책, p.242
이후 일백 년 전에 운운한 것이 곧 옛날에 인연이다.

經

如於此淸淨光明香水海에 華焰莊嚴幢의 須彌頂上에 摩尼華
枝輪大林中에 出現其身하야 而坐於座인달하야 其勝音世界에도
有六十八千億須彌山頂거늘 悉亦於彼에도 現身而坐하니라

이 청정한 광명의 향수해에 꽃 불꽃으로 장엄한 당기의 수미산
정상에 마니 꽃 가지 바퀴 큰 숲 가운데 그 몸을 나타내어 그
자리에 앉으심과 같아서 그 승음세계에도 육십팔천억 수미산 정상
이 있거늘 다 또한 저곳에도 몸을 나타내어 앉으셨습니다.

疏

二는 結通이라 於中에 且結同類一界하고 餘皆略也라

두 번째는 맺어서 통석한 것이다.
그 가운데 우선 같은 유형의 한 세계[46]만 맺고 나머지는 다 생략하
였다.

---

[46] 같은 유형의 한 세계라고 한 것은 승음세계이다.

經

爾時에 彼佛卽於眉間에 放大光明하시니

그때에 저 부처님이 곧 미간에 큰 광명을 놓으시니

疏

第四에 爾時下는 毫光警감니 文分爲五하리라 一은 放光處니 顯中
道故라

제 네 번째 그때에 저 부처님이라고 한 아래는 백호 광명으로 경계하
여 부른 것이니,
문장을 나누어 다섯 가지로 하겠다.
첫 번째는 광명을 놓은 처소이니
중도를 나타낸 까닭이다.

經

其光은 名發起一切善根音이라

그 광명은 이름이 일체 선근을 일으키는 음성입니다.

疏

二는 主光名이니 發動宿種하야 生起新善故라 善根有三하니 一者
는 生福及不動業이니 以施忍智三으로 而爲善根이요 二는 厭苦求
滅이니 以信等爲根이요 三은 求無上慧니 以四等과 不放逸五法으
로 爲根이라

두 번째는 주광主光의 이름이니
숙세의 종자가 발동하여 새로운 선근의 싹을 생기하는 까닭이다.
선근에 세 가지가 있나니
첫 번째는 생복과 그리고 부동업이니
보시와 인욕과 지혜의 셋으로써 선근을 삼는 것이요
두 번째는 고통을 싫어하여 적멸을 구하는 것이니
십신 등[47]으로써 선근을 삼는 것이요
세 번째는 더 이상 없는 지혜를 구하는 것이니
자·비 등[48] 네 가지와 불방일의 오법五法으로써 선근을 삼는 것이다.

---

47 등等이란, 삼현십지三賢十地 등이다.

48 등等이란, 희사喜捨를 등취等取하고 있다.

鈔

一者에 生福等者는 業有三種하니 一에 惡業은 卽三不善根所生이니 今所不明이라 疏列二業은 卽三善根所生이라 三善根者는 卽無貪無 瞋無癡라 今엔 非但不著有境이라 兼能惠施일새 成無貪根이요 非唯 於苦無恚라 兼行忍辱일새 故成無瞋根이요 非唯於境明了라 增修慧 解는 是無癡根이니 有此三根이면 唯出生欲色無色일새 故爲福不動 根이라 然其三根이 依唯識論인댄 各別有性이니 善十一攝이라 無貪 은 以於有有具에 無著爲性하고 無瞋은 以於苦苦具에 無恚爲性하고 無癡는 以於諸理事에 明解爲性하나니 通唯善慧요 別各有性이라 今 依集論第一인댄 以慧爲無癡性거니와 唯識意會인댄 以慧爲無癡之 果니라 故施忍二도 亦從果名이니 由無貪瞋일새 故成施忍이라 所以 疏云호대 以施忍慧로 以爲其根이라하니라 二에 信等根은 下當廣說 하리라 三에 求無上慧者는 涅槃經云호내 皆歎慈悲가 爲菩薩根이라 하니 謂有慈悲心하면 必須喜捨니라 不放逸者는 卽是精進이니 無貪 等三이 於所斷修에 防修爲性이라 假立爲一일새 故涅槃說호대 不放 逸根이라하니 根深難拔이라 由不放逸하야 策前四等하야 得一切智일 새 故爲根也니라

첫 번째 생복生福이라고 한 등은 업에 세 가지가 있나니
첫 번째 악업은 세 가지 불선근不善根으로 소생하는 것이니
지금에는 밝히지 않는 바이다.
소문에 두 가지 업[49]을 열거한 것은 곧 세 가지 선근으로 소생한

것이다.

세 가지 선근[50]이라고 한 것은 곧 무탐과 무진과 무치이다.

지금에는 다만 경계가 있음에 집착하지 아니할 뿐만 아니라[51] 겸하여 능히 은혜롭게 보시하기에 무탐의 선근을 이루고

오직 고통이 와도 성질을 내지 아니할 뿐만 아니라 겸하여 인욕을 행하기에 그런 까닭으로 무진의 선근을 이루고

오직 경계에 분명하게 알 뿐만이 아니라 더욱 지혜(慧解)를 닦는 것은 이 무치의 선근이니,

---

49 원문에 삼업이라고 한 것은 이업二業의 잘못이니 이업은 생복업生福業과 부동업不動業이다.

50 세 가지 선근이라고 한 것은 보시와 인욕과 지혜이니 즉 무탐(보시)과 무진(인욕)과 무치(지혜)이다.

51 지금에는 다만 경계가 있음에 집착하지 아니할 뿐만 아니라고 한 등은 초가가 『유식론』과 『잡집론』의 두 가지 논의 뜻을 섞어 인용한 것이니, 경계가 있음에 집착하지 않는다고 한 것과 다음 줄에 고통이 와도 성질을 내지 않는다고 한 것과 저 경계에 분명하게 안다고 한 것은 곧 『유식론』의 뜻이요, 겸하여 능히 은혜롭게 보시한다고 한 것과 겸하여 인욕을 행한다고 한 것과 더욱 지혜를 닦는다고 한 것은 곧 『잡집론』의 뜻이다. 그러한즉 비록 『유식론』에는 경계가 있음에 집착하지 않는다는 등으로써 삼선근의 자성을 삼고, 『잡집론』에서는 은혜롭게 보시한다는 등으로써 삼선근의 자성을 삼았으나, 만약 두 논을 상대하여 말한다면 경계가 있음에 집착하지 않는다고 한 등은 원인이 되고, 은혜롭게 보시한다고 한 등은 과보가 되는 것이다. 경계가 있음에 집착하지 않는다고 한 등을 원인하여야 바야흐로 능히 은혜롭게 보시를 행할 수 있는 등인 까닭이니, 곧 『유식론』의 뜻으로 회통한 것이 이것이다. 역시 『잡화기』의 말이다.

이 세 가지 선근이 있으면 오직 욕계와 색계와 무색계에 태어나기에
그런 까닭으로 생복과 부동업의 선근이 되는 것이다.

그러나 그 세 가지 선근이 『유식론』을 의지한다면 각각 달리 자성이
있나니[52]

선법십일善法十一에 섭속하는 것이다.

무탐은 저 유有와 유구有具에[53] 집착이 없는 것으로써 자성을 삼고
무진은 저 고苦와 고구苦具에 성냄이 없는 것으로써 자성을 삼고
무치는 저 모든 진리와 사실에 분명하게 아는 것으로써 자성을
삼나니

통석으로는[54] 오직 선혜善慧뿐이요, 별석으로는 각각 자성[55]이 있다.

지금에 『잡집론』 제일권을 의지한다면[56] 지혜로써 무치의 자성을

---

52 각각 달리 자성이 있다고 한 것은 이것은 삼악의 더러운 것을 번복하는
까닭이다.

53 저 유有와 유구有具라고 한 등은, 저 『유식론』 주에 말하기를 유는 삼유三有를
말하는 것이니 곧 과보이고, 유구는 삼유를 얻는 기구이니 곧 이것은 원인이다.
혹 원인과 혹 과보에 함께 탐착이 없는 것으로 탐착이 없는 자성을 삼는
것이다. 고는 고제를 말하는 것이고 고구는 집제이니, 고제와 집제 가운데
함께 성냄이 없는 것으로 성냄이 없는 자성을 삼는 것이다. 어리석음은
곧 무명이니 진리와 사실에 미하여 어둡거니와, 지금에 무치는 이 무명이
없다는 것이고 곧 능히 분명하게 안다는 것은 어리석은 자성이 없다는 것이다
하였다. 역시 『잡화기』의 말이다.

54 통석으로는 오직 선혜뿐이라고 한 등은, 저 『유식론』에 갖추어 말하기를
만약 저 탐진치의 세 가지 불선근을 끊는다면 곧 통·별의 대치를 인유하나니
통석으로는 오직 선혜뿐이고, 별석으로는 곧 삼선근이 있다 하였다.

55 각각 자성은 삼선근이다.

삼았거니와,『유식론』의 뜻으로 회석한다면[57] 지혜로써 무치의 과

---

56 『잡집론』은『아비달마잡집론阿毘達磨雜集論』(無着 造, 玄奘 譯. 七卷)이다. 지금
에『잡집론』제일권을 의지한다고 한 등은 곧 소문 가운데 보시·인욕·지혜로
써 삼선근을 삼은 이유를 설출한 것이니, 그 뜻은 말하자면『유식론』인즉
무탐 등으로써 삼선근의 자성을 삼았거니와, 지금에 소문은『잡집론』과 그리
고『유식론』의 뜻으로 회석한 것을 의지한 까닭으로 곧 보시 등으로써 그
근본을 삼는 것이다.『잡집론』에 말하기를 이 보報와 교教와 증證과 지智의
결택이 체성이 되어 문聞·사思·수修의 생기한 바 지혜를 생득生得한다 말하는
것이니, 차례와 같이 다 결택하는 체성인 까닭이다 하였으니 곧 지혜로써
체성을 삼는 것이라 하겠다. 저『유식론』주에 말하기를 보라고 한 것은
곧 듣는 바이고, 교라고 한 것은 곧 생각하는 바이고, 증이라고 한 것은
닦는 바이고, 지라고 한 것은 곧 이 지혜(慧)이다. 만약 능히 듣고 능히
생각하고 능히 닦는 까닭이라면 차례와 같이 다 결택하는 체성인 까닭이다
말할 것이다. 이상은 다『잡화기』의 말이다.

57 『유식론』의 뜻으로 회석한다고 한 등은,『유식론』에서『잡집론』의 뜻을
회석한 까닭으로 말하기를『유식론』의 뜻으로 회석한다고 한 것이니, 저
『유식론』에서『잡집론』의 뜻을 회석하여 말하기를『잡집론』에 지혜로써
체성을 삼는다고 말한 것은 저 유식에 인과를 들어 여기 잡집에 자성(체성)을
나타낸 것이니 인욕의 즐거움으로써 믿음의 자체를 표한 것과 같다. 이치가
응당 그러한 까닭이다 하니 평評하여 말하기를 이것은 바로 이『유식론』
주主가『잡집론』의 뜻을 회석한 것이다. 대개 그『잡집론』의 뜻을 회석한
것은 무치無痴가 문·사·수로써 원인을 삼고, 지혜를 생기하는 것으로써
과보를 삼고, 해탈로써 체성을 삼는 것이 인욕으로 믿음의 원인을 삼고,
욕락으로 믿음의 과보를 삼고, 마음이 청정한 것으로 체성을 삼는 것과
같나니, 곧 지금 초문에 말하기를『유식론』의 뜻으로 회석한다면 지혜로써
무치의 과보를 삼았을 뿐이라고 한 것은 다만 지혜로써 무치의 과보를 삼은
일절만 거론한 것뿐이라는 것이다. 이미『잡집론』에 지혜의 과보로 자성을

보⁵⁸를 삼았을 뿐이다.

그런 까닭으로 보시와 인욕의 두 가지⁵⁹도 또한 과보를 좇아 이름하였나니,

무탐과 무진을 인유하기에 그런 까닭으로 보시와 인욕을 이루는 것이다.

그런 까닭으로 소문에⁶⁰ 말하기를 보시와 인욕과 지혜로써 그 선근을 삼았다고 하였다.

두 번째 십신 등으로써 선근을 삼았다고 한 것은 아래에 마땅히 폭넓게 해석하겠다.⁶¹

세 번째 더 이상 없는 지혜를 구하는 것이라고 한 것은 『열반경』⁶²에

삼은 것을 거론하였다면 곧 이것은 『잡집론』의 뜻을 회석한 것이 다 지혜로써 무치의 자성을 삼은 것이라 하겠다. 역시 『잡화기』의 말이다.

58 무치의 과보란, 무치의 자성은 곧 인이고, 무치의 과보는 곧 과이다.

59 그런 까닭으로 보시와 인욕의 두 가지라 운운한 것은 『잡집론』의 뜻을 회석함에 다 비록 이 문장이 없지만 그 뜻은 반드시 있는 까닭으로 초주가 저 지혜로써 과보를 삼는다고 한 것을 비례하여 보시와 인욕도 또한 과보를 좇아 이름한 것이라 한 등이다. 역시 『잡화기』의 말이다.

60 그런 까닭으로 소문이라고 한 아래는 세 가지 뜻을 모두 맺어 소문에 귀결함을 가리킨 것이라고 『잡화기』는 말한다.

61 아래에 마땅히 폭넓게 해석하겠다고 한 것은 바로 아래 영인본 화엄 4책, p.253, 4행에 아직 믿음이 크지 못한 사람은 큰 믿음을 발기하여 초주初住에 들어가게 하는 것이라고 운운한 것이다.

62 『열반경』이란, 제십오권이다.

말하기를 자비가 보살의 선근이 된다고 다 찬탄하는 것이다 하였으니,

말하자면 자비심이 있으면 반드시 희·사喜捨하는 것이다.

불방일이라고 한 것은 곧 이 정진이니[63]

무탐 등 셋이 끊고 수행하는 바에 막고 수행하는[64] 것으로 자성을 삼았다.

거짓으로 이름을 세워 하나를 삼았기에[65] 그런 까닭으로 『열반경』에 말하기를 불방일의 선근이라 하였으니,

그 선근은 깊어서 뽑기가 어려운 것이다.

불방일을 인유하여 앞에 자비 등 네 가지를 꾀하여 일체 지혜를 얻기에 그런 까닭으로 선근을 삼는[66] 것이다.

---

63 곧 이 정진이라고 한 등은 곧 불방일의 자체를 설출한 것이다. 그러나 그 뜻은 다만 정진 등의 네 가지를 의지하여 그 자체를 세우고 저 네 가지를 떠난 밖에 따로 자성이 없는 것을 밝힌 것이다. 혹 어떤 사람은 정진"이니" 吐는 불방일과 그리고 정진이 스스로 이 선법의 열한 가지 가운데 두 가지임을 살피지 못한 까닭이다 하였다. 이상은 『잡화기』의 말이다.

64 막고 수행한다고 한 것은, 『잡화기』에 『백법론』에 말하기를 끊은 바 악은 막아 하여금 일어나지 않게 하고, 닦은 바 선은 이끌어 내어 하여금 증장케 하는 것이다 하였다. 그러나 『유망기』는 이 말을 『유식론』 주의 말이라 하였다. 방수防修라 한 수修 자는 속장경에는 비非 자라 하나 유식본론에는 수修 자로 되어 있다.

65 거짓으로 이름을 세워 하나를 삼았다고 한 것은 즉 불방일을 하나 더 세워 십일법十一法으로 하였다는 것이다.

66 선근을 삼는다고 한 것은 사무량심과 불방일로 선근을 삼는 것이다.

疏

通說善根인댄 以依聖教하야 發心爲性일새 故云音也라하니라

선근을 통설한다면 성인의 가르침을 의지하여 발심함으로써 자성을
삼았기에 그런 까닭으로 선근음善根音이라 말한 것이다.

鈔

四에 通說善根下는 卽上三類之通性也라

네 번째 선근을 통설한다고 한 아래는 곧 위에 세 가지 종류[67]의
자성을 통설한 것이다.

───────────

67 세 가지 종류라고 한 것은 세 가지 선근이니 무탐, 무진, 무치이다.

經

十佛刹微塵數光明으로 而爲眷屬하야

열 부처님의 국토에 작은 티끌 수만치 많은 광명으로 권속을 삼아

疏

三은 眷屬數니 無盡法故라

세 번째는 권속의 수이니
끝없는 진리(法)의 광명인 까닭이다.

經

充滿一切十方國土하나니

일체 시방의 국토에 충만하나니

疏

四는 照分齊니 充滿十方은 通方敎故라

네 번째는 비추는 분제分齊니
시방에 충만하다고 한 것은 시방에 통하는 가르침(敎)인 까닭이다.

經

若有衆生을 應可調伏인댄 其光照觸하야 卽自開悟하며 息諸惑
熱하며 裂諸蓋網하며 摧諸障山하며 淨諸垢濁하며 發大信解하며
生勝善根하며 永離一切諸難恐怖하며 滅除一切身心苦惱하며
起見佛心하야 趣一切智하니라

만약 어떤 중생을 응당 가히 조복하려 한다면 그 광명을 비추어
다이어 곧 스스로 열어 깨닫게 하며
모든 미혹의 열기를 쉬게 하며
모든 번뇌[68]의 그물을 찢게 하며
모든 장애의 산을 꺾게 하며
모든 때와 더러운 것을 청정하게 하며
큰 믿음과 지해知解를 일으키게 하며
수승한 선근을 내게 하며
일체 제난諸難의 두려움을 영원히 떠나게 하며
일체 몸과 마음에 고뇌함을 소멸하여 제거하게 하며
부처님을 친견하려는 마음을 일으켜 일체 지혜에 취향하게 해야
합니다.

---

68 개蓋는 오개五蓋, 십개十蓋이니 번뇌를 말한다.

疏

五에 若有下는 明光勝益이라 文有十句하니 一에 無明重者는 自覺
智開요 二에 煩惱深者는 息現行惑이요 三에 勤修難出은 裂五蓋
網이요 四에 三障重者는 摧諸障山이요 五에 未解脫者는 淨心垢種
이요 六에 未信大者는 發起入住요 七에 闕資糧者는 生其勝善이요
八에 未入地者는 除五怖畏요 九에 色累功用은 滅身心苦요 十에
滯無生者는 見佛趣果라

다섯 번째 만약 어떤 중생이라고 한 아래는 광명의 수승한 이익을
밝힌 것이다.
경문에 열 구절이 있나니
첫 번째 무명이 심중한 사람은 스스로 깨달음의 지혜를 열게 하는
것이요
두 번째 번뇌가 심중한 사람은 현행혹現行惑[69]을 쉬게 하는 것이요
세 번째 부지런히 수행하지만 벗어나기 어려운 사람은 오개五蓋의
그물을 찢게 하는 것이요
네 번째 삼장이 심중한 사람은 모든 장애의 산을 꺾게 하는 것이요
다섯 번째 아직 해탈하지 못한 사람은 마음에 때의 종자를 청정하게
하는 것이요

---

69 현행혹現行惑은 현재 행하고 있는 번뇌(惑)이니, 곧 번뇌장과 소지장이다.
이 이장의 종자는 제팔식 속에 숨어 끝없이 상속하지만 현행은 상속하지
않고 끊어짐이 있다.

여섯 번째 아직 믿음이 크지 못한 사람은 큰 믿음을 발기하여 초주初住에 들어가게 하는 것이요

일곱 번째 자량資糧[70]이 빠진 사람은 그 수승한 선근을 내게 하는 것이요

여덟 번째 아직 초지에 들어가지 못한 사람은 다섯 가지 두려움[71]을 제멸하게 하는 것이요

아홉 번째 색루色累와[72] 공용功用이 있는 사람은 몸과 마음에 고뇌를 소멸하게 하는 것이요

열 번째 막혀서 태어나지 못하는 사람은 부처님을 친견하여 여래과에 취향하게 하는 것이다.

鈔

無明重下는 先別釋이라 初四는 離障이요 五는 令解脫이니 通益三乘이요 六은 未信令信이요 七은 令入三賢이요 八은 令得初地요 九는 令二地已上으로 得於八地요 十은 已在八地하야 已證無生은 諸佛勸起하야 令得九十二地라

---

70 자량資糧이라고 한 것은 자량위는 초주初住로부터 십주十住까지이다. 가행위는 제십회향의 만심滿心과 난위煖位 등 사가행四加行을 수행하는 것이다.

71 다섯 가지 두려움이라고 한 것은 불활不活과 악명惡名과 사死와 악도惡道와 대중위덕大衆威德이다.

72 색루 등이라고 한 등은, 말하자면 색루가 있는 까닭으로 몸에 고뇌가 사라지고, 공덕의 작용이 있는 까닭으로 마음에 고뇌가 사라지는 것이라고 『잡화기』는 말한다.

무명이 심중한 사람이라고 한 아래는 먼저 따로 해석한 것이다.

처음에 네 구절은 장애를 떠나게 하는 것이요

다섯 번째는 하여금 해탈케 하는 것이니 모두 삼승을 이익케 하는 것이요

여섯 번째는 아직 믿지 않는 사람을 하여금 믿게 하는 것이요

일곱 번째는 하여금 삼현에 들어가게 하는 것이요

여덟 번째는 하여금 초지를 얻게 하는 것이요

아홉 번째는 이지二地 이상으로 하여금 팔지를 얻게 하는 것이요

열 번째는 이미 팔지에 있어서 이미 무생無生을 증득한 사람은 모든 부처님이 부처님을 보려는 마음을 일으키기를 권하여[73] 하여금 제구지와 제십지의 두 지위를 얻게 하는 것이다.

疏

此約差別하야 對治以釋거니와 若約橫配인댄 生善見理니 可以準思니라

이것은 차별[74]을 잡아 대치하여 해석한 것이거니와 만약 횡횡을 잡아 배석한다면 선근을 내게 하고 진리를 보게 하는 것이니 가히 기준하여 생각할 것이다.

---

73 원문에 권기勸起라고 한 그 기起 자는 기견불심起見佛心이다. 즉 부처님을 보려는 마음을 일으키는 것이다.

74 차별석은 곧 수석竪釋이다.

鈔

此約差別下는 第二에 結釋이라 差別은 結上明이 是竪釋이요 對治는
結上이 非三悉檀이라 若約橫配下는 更結異門이니 橫對前竪에 位位
通用此十句故라 生善見理는 對上對治라 生善은 卽是爲人悉檀이니
謂發大信解와 生勝善根과 起見佛心은 皆生善也라 見理는 卽第一
義悉檀이니 如自覺智開와 趣一切智는 皆見理也라 亦應合有隨俗
令喜케하는 世界悉檀이나 以益近故로 此中不說하니 橫竪無礙가 是
此中意라 四悉檀義는 問明當辯하리라

이것은 차별을 잡았다고 한 아래는 두 번째 맺어서 해석한 것이다.
차별이라고 한 것은 위에서 밝힌 것이 이 수竪로 해석한 것임을
맺는 것이요
대치라고 한 것은 위에서 밝힌 것이 삼실단三悉壇이 아님을 맺는
것이다.

만약 횡을 잡아 배석한다면이라고 한 아래는 다시 다른 문[75]을 맺는
것이니,
횡문으로 앞의 수문을 대치함에 위위位位마다 이 열 구절을 통용하는
까닭이다.

선근을 내고 진리를 보게 한다고 한 것은 위에 대치를 상대한 것이다.

---

[75] 다른 문이라고 한 것은 수문竪門이 아닌 횡문橫門이다.

선근을 낸다고 한 것은 곧 이것은 위인실단爲人悉壇이니,
말하자면 큰 믿음과 지해를 일으키게 하는 것과 수승한 선근을
내게 하는 것과 부처님을 친견하려는 마음을 일으키는 것은 다
선근을 내게 하는 것이다.
진리를 보게 한다고 한 것은 곧 제일의실단第一義悉壇이니,
스스로 깨달아 지혜를 열게 하는 것과 일체 지혜에 취향하게 하는
것과 같은 것은 다 진리를 보게 하는 것이다.
또한 응당히 속제를 따라 하여금 환희케 하는 세계실단世界悉壇이
있어야 합당하건만 이익케 하는 것이 천근한[76] 까닭으로 이 가운데는
설하지 아니하였나니,
횡설과 수설이 걸림이 없는 것이 이것이 이 중도의 뜻이다.
사실단四悉壇[77]의 뜻은 문명품에서 마땅히 분별하겠다.

經

時에 一切世間主와 幷其眷屬의 無量百千이 蒙佛光明하고 所開
覺故로 悉詣佛所하야 頭面禮足하니라

그때에 일체 세간의 군주와 아울러 그 권속의 한량없는 백천 대중이
부처님의 광명을 입고 열어 깨달은 바인 까닭으로 다 부처님의
처소에 나아가 머리와 얼굴로 부처님의 발에 예배하였습니다.

疏

第五는 當機雲集이라 於中文二니 先은 通顯諸王이 雲集致敬이라

제 다섯 번째는 당기當機가 구름처럼 모이는 것이다.
그 가운데 문장이 두 가지가 있나니
먼저는 모든 왕들이 구름처럼 모여 공경의 예를 이루는 것을 한꺼번
에 나타낸 것이다.

經

諸佛子야 彼焰光明大城中에 有王하니 名喜見善慧라 統領百萬
億那由他城호대

모든 불자여, 저 불꽃 광명의 큰 성 가운데 왕이 있나니 이름이
기쁨으로 바라보는 좋은 지혜입니다.
백만억 나유타 성을 통치하여 거느리되

疏

後에 諸佛子下는 別彰諸王의 雲集儀式이라 於中分二리니 先은
廣明喜見이요 後는 略列諸王이라 今初니 卽正出本事之緣이라 文
分爲六하리니 第一은 標名辨統이요 二는 總辨眷屬이요 三은 威光
得益이요 四는 偈讚如來요 五는 父王宣誥요 六은 俱行詣佛이라
初文可知라

뒤에 모든 불자여라고 한 아래는 모든 왕이 구름처럼 모이는 의식을
따로 밝힌 것이다.
그 가운데 두 가지로 분류하리니
먼저는 기쁨으로 바라보는 좋은 지혜의 왕을 널리 밝힌 것이요
뒤에는 모든 왕을 간략하게 열거한 것이다.
지금은 처음으로 곧 본래 섭긴 인연을 바로 설출한 것이다.

경문을 나누어 여섯 가지로 하리니

첫 번째는 왕의 이름을 표하여 통치하여 거느리는 것을 분별한 것이요

두 번째는 권속을 한꺼번에 분별한 것이요

세 번째는 대위광 태자가 이익을 얻은 것이요

네 번째는 게송으로 여래를 찬탄한 것이요

다섯 번째는 부왕인 희견이 선설하여 말한 것이요

여섯 번째는 함께 가서 부처님께 나아간 것이다.

처음 경문은 가히 알 수가 있을 것이다.

經

夫人采女三萬七千人에 福吉祥爲上首하며 王子五百人에 大
威光爲上首하며 大威光太子가 有十千夫人호대 妙見爲上首하
니라

부인과 채녀[78]가 삼만 칠천 사람으로 복길상이 상수가 되며
왕자가 오백 사람으로 대위광이 상수가 되며
대위광 태자가 십천 부인이 있으되 묘견 부인이 상수가 되었습
니다.

疏

第二에 夫人下는 總顯眷屬者는 有德曰夫人이요 有色曰采女라
王子는 別本云호대 二萬五千者는 別梵本也라 案瓔珞本業經上
卷云인댄 十住銅輪實瓔珞은 百福子爲眷屬이요 生一佛土하야 受
佛學行하야 敎化二天下하고 銀輪實瓔珞은 五百子요 金輪은 一千
子요 初地는 四天王이니 一萬子요 二地는 忉利天王이니 二萬子요
三地已上으로 乃至淨居天王도 但云眷屬亦如是라하니 故知無過

---

[78] 부인과 채녀라고 한 것은, 『잡화기』에 남편을 인하여 사람을 이루기에 부인夫人
이라 말하는 것이다 하고, 채녀는 『화엄음의華嚴音義』에 말하기를 채매娃라고
한 것은 채취娃取, 즉 어린 동녀를 잡아(取)가는 것이니 동녀 십삼 세 이상에서
이십 세 이하의 장장長壯하고 교결한 자를 왕궁에 싣고 들어가는 까닭으로
채녀라 말하는 것이다 한다 하였다.

二萬子者니라 若三界王인댄 卽當等覺이니 又以一切菩薩로 爲眷
屬이라하니라 案喜見所統하니 但以城言하고 又見佛興하니 至第
三佛하야 方云去世라하니 五百銀輪이 斯爲正也니라 或約敎異라
도 理亦可通이라 上首云大威光者는 有大威德하고 其道光明故니라

제 두 번째 부인과 채녀라고 한 아래는 권속을 한꺼번에 나타낸다고
한 것은 덕이 있는 이를 부인이라 말하고 색色이 있는 이를 채녀라
말한다.
왕자는 다른 본本에 말하기를 이만 오천 사람이라고 한 것은 범본과
는 다르다.
『영락본업경』 상권을 안찰하여 말한다면 십주 동륜보배 영락왕은
백 명의 복 있는 아들로 권속을 삼고 한 부처님의 국토에 태어나서
부처님의 학문과 수행을 받아 이천하二天下를 교화하고
십행 은륜보배 영락왕은 오백 명의 아들이요
십회향 금륜보배 영락왕은 일천 명의 아들이요
초지 보살은 사천왕이니 일만 명의 아들이요
이지 보살은 도리천왕이니 이만명의 아들이요
삼지 이상[79]으로 내지 정거천왕도 다만 말하기를 권속이 또한 이와
같다 하였으니,

---

[79] 삼지 이상 운운한 것은 삼지는 도솔천왕이고, 사지는 야마천왕이고, 오지는
화락천왕이고, 육지는 타화자재천왕 등으로 배대하여 가면 된다. 정거천은
오정거천五淨居天이니 오불환천五不還天이라고도 한다. 즉 색계 제사선천色界
第四禪天이다.

그런 까닭으로 이만 명의 아들을 지나는 이는 없는 줄 알 것이다.
만약 삼계의 왕이라면 곧 등각보살에 해당하나니
또한 일체 보살로써 권속을 삼는다 하였다.

희견왕[80]이 통치하여 거느리는 바를 안찰하니 다만 성城으로써만
말하였고[81] 또 부처님이 출흥함을 보니[82] 제 세 번째 부처님[83]께 이르러
바야흐로 말하기를 세상을 떠나간다[84] 하였으니
오백 명의 아들에 은륜왕이 이 정석이 되는 것이다.

---

80 희견왕 운운한 것은 희견왕이 통치하는 곳이니 희견성喜見城으로 선견성善見城
　이라고도 한다. 도리천 중앙에 있는 궁전이다.

81 다만 성으로써만 말하였다고 한 것은, 이것은 곧 다만 금륜왕이 아니라고
　한 것만 깨뜨리기 위하여 말한 것일 뿐 가히 이 말을 의거하여 은륜왕을
　성립하려는 것이 아니며, 또한 삼천하를 통치함을 말하려는 것도 아닌 까닭이
　다. 역시 『잡화기』의 말이다. 따라서 다만 성으로써만 말한다고 한 것은
　곧 오백억 나유타 성城을 통치하여 거느린다는 것이다.

82 또 부처님이 출흥함을 본다고 한 것은, 이것은 곧 가히 금륜왕이 아니라고
　한 것을 깨뜨리며 가히 이 은륜왕을 성립하려는 것이니, 앞에 삼륜왕은
　모두 감겁에 출흥하고 제 네 번째 윤왕은 홀로 증겁에 출흥하는 까닭이다.
　그러나 이것은 장춘집莊椿集 등에 사륜왕四輪王이 다 증겁에 출흥한다는
　말로 더불어 다름이 있나니, 그 뜻이 이미 다단하기에 가히 억지로 회석할
　것은 아니다. 이상은 다 『잡화기』의 말이다.

83 제 세 번째 부처님이라고 한 것은 영인본 화엄 4책, p.308, 4행에 제 세
　번째 부처님은 바라밀선안장엄왕여래라 하였다.

84 세상을 떠나간다고 한 것은 이 여래가 열반하시니 희견선혜왕도 이윽고
　또한 세상을 떠나가거늘 대위광이 전륜왕위를 받았다 하였다.

혹 교敎의 다름을 잡을지라도[85] 이치가 또한 통하는 것이다.
상수를 대위광이라고 말한 것은 큰 위덕이 있고 그 도가 광명인
까닭이다.

鈔

按纓絡本業經下는 引經釋成이니 五百爲正이요 二萬五千爲非라 於
中에 先은 奪破라 言上卷者는 卽第三賢聖觀品이라 彼中敬首菩薩問
호대 云何菩薩이 學觀名字義相이며 及心所行法은 復當云何닛가 佛
先答名字하사대 卽列三賢十聖等妙之名하시고 次答心所行法云호
대 佛子야 汝先言호대 云何心所行法者는 所謂十心이니 一은 發心住
等이라하야 廣釋三賢十聖等妙之相하시니라

『영락본업경』 상권을 안찰한다고 한 아래는 『영락경』을 인용하여
해석하여 성립한 것이니
오백 명이라고 한 것이 정석이 되고, 이만오천 명이라고 한 것은
정석이 아니다.
그 가운데 먼저는 빼앗아 깨뜨리는[86] 것이다.

---

85 혹 교敎의 다름을 잡는다고 한 것은, 교의 뜻이 이미 일도一途가 아니라고
    하였다면 곧 저 경에 비록 은륜왕이 오백의 아들이 있다고 밝혔으나 범본에
    이만 오천의 아들이 있다고 말함에 방해롭지 않은 것이다. 다『잡화기』의
    말이다.
86 먼저는 빼앗아 깨뜨린다고 한 것은 이만 오천은 틀렸고 오백은 옳다고 주장하
    는 것이다.

상권上卷이라고 말한 것은 곧 제 세 번째 현성학관품이다.

저 현성학관품 가운데 경수보살이 묻기를 어떤 것이 보살이 명자名字의 뜻과 모습을 배워 관찰하는 것이며,

그리고 심소心所의 행법行法은 다시 마땅히 어떠합니까.

부처님이 먼저 명자를 답하시되 곧 삼현과 십성과 등각과 묘각의 이름을 열거하시고, 다음에 심소의 행법을 답하여 말씀하시기를 불자야, 그대가 먼저 말하기를 어떤 것이 심소의 행법입니까 한 것은 말하자면 열 가지 마음이니, 첫 번째는 발심주 등이라 하여 삼현과 십성과 등각과 묘각의 모습을 폭넓게 해석하였다.

次敬首菩薩이 復問世尊호대 從初地로 至後一地히 有果報神變하니 二種法身이라 一은 法性法身이요 二는 應化法身이니 爲何色相이며 爲何心相이닛가 佛答中에 先答出世間果報者는 從初地로 至佛地히 各有二種法身하니 於第一義諦의 法流水中에 從實性生智일새 故로 實智爲法身이니 法名自體요 集藏爲身等이라하시고 兼說淨土하니라 次云호대 佛子야 世間果報者는 所謂十住銅寶瓔珞인 銅輪王은 百福子爲眷屬하고 生一佛土하야 受佛學行하야 敎化二天下하며 銀寶瓔珞인 銀輪王은 五百福子爲眷屬하고 生二佛國土하야 受佛敎行하야 化三天下하며 金剛寶瓔珞인 金輪王은 千福子爲眷屬하고 入十方佛土하야 化一切衆生하야 生處四天下하며 歡喜地百寶瓔珞에 七寶相輪인 四天王은 萬子爲眷屬하고 現百法身하야 百佛土에 敎十方天下하며 千寶瓔珞에 八寶相輪인 忉利王은 二萬子爲眷屬하며 萬寶瓔珞에 九寶相輪인 炎摩天王도 眷屬亦然하야 不可稱數며 億寶瓔珞에

十寶相輪인 兜率陀天王도 眷屬亦然하야 不可稱數며 天光寶瓔珞에 十一寶相輪인 化樂天王도 眷屬亦然하며 摩尼寶光瓔珞에 十二寶相輪인 他化天王도 眷屬亦然하며 千色龍寶光慧瓔珞에 十三寶相輪인 梵天王도 眷屬亦然하며 梵師子寶光瓔珞에 大應寶相輪인 光音天王도 眷屬亦然하야 不可思議하며 寶光瓔珞에 白雲寶相輪인 淨天王도 眷屬亦然하며 百萬神通寶光瓔珞에 無畏珠寶相輪인 淨居天王도 眷屬亦然하며 千萬天色寶光瓔珞에 覺德寶光相輪인 三界王은 一切菩薩爲眷屬하며 無量功德藏寶光瓔珞에 千福相輪인 法界王은 一生補處菩薩爲眷屬하니 佛子야 是上瓔珞相輪은 一切佛과 及菩薩이 動止俱遊하며 常隨其身하며 亦化一切衆生일새 故로 有如是果報之數法이라하니라 釋曰已上에 具引經文일새 於疏易了리니 明知하라 無過二萬子者니라

다음에 경수보살이 다시 세존께 묻기를 초지로 좇아 최후의 한 지위(一地)[87]에 이르기까지 과보인 신통변화[88]가 있나니 두 가지 법신입니다.

첫 번째는 법성법신이고, 두 번째는 응화법신이니, 어떤 것이 색상이 되며 어떤 것이 심상이 됩니까.

부처님이 답한 가운데 먼저 출세간의 과보를 답한 것은 초지로 좇아 불지에 이르기까지 각각 두 가지 법신이 있나니,

---

[87] 최후의 한 지위(一地)라고 한 것은 부처님의 지위이다.

[88] 과보인 신통변화라고 한 것은, 『잡화기』에 강사가 말하기를 과보가 곧 신통변화라 하였다.

제일의제의 법류수法流水 가운데 실성實性으로 좇아 지혜[89]를 내기에
그런 까닭으로 진실한 지혜(實智)로 법신을 삼나니 법신은 이름이
자체가 되고,

법신을 모아 갈무리하는 것은 몸이 된다는 등이라[90] 하시고 겸하여
정토를 설하였다.

다음에 말하기를 불자여, 세간에 과보는 말하자면 십주 동보배
영락인 동륜왕은 백 명의 복 있는 아들로 권속을 삼고 한 부처님의
국토에 태어나서 부처님의 학문과 수행을 받아 이천하를 교화하며

은보배[91] 영락인 은륜왕은 오백 명의 복 있는 아들로 권속을 삼고
두 부처님의 국토에 태어나서 부처님의 가르침과 수행을 받아 삼천
하를 교화하며

금강보배[92] 영락인 금륜왕은 천 명의 복 있는 아들로 권속을 삼고
시방에 부처님의 국토에 들어가서 일체중생을 교화하여 사천하에
태어나 거처하며

환희지의 백 가지 보배 영락에 일곱 가지 보배 상륜인 사천왕은
만 명의 아들로 권속을 삼고 백 가지 법신을 나타내어 백 부처님의

---

89 성생性生이라고 한 글자 아래 지智 자가 있어야 한다.
90 몸이 된다는 등이라고 한 등은 응화신을 등취한 것이니, 저 『영락경』 경문에
　말하기를 법신이 능히 응화의 한량없는 법신을 나타내나니, 말하자면 일체
　국토신과 일체 중생신과 일체 불신과 일체 보살신 등이 이 응화신이라 하였다
　고 『잡화기』는 말한다.
91 은보배 운운한 것은 십행이다.
92 금강보배 운운한 것은 십회향이다.

국토에 시방의 천하를 교화하며

천 가지 보배 영락에 여덟 가지 보배 상륜인 도리천왕은 이만 명의 아들로 권속을 삼았으며

만 가지 보배 영락에 아홉 가지 보배 상륜인 염마라 천왕도 권속이 또한 그러하여[93] 가히 그 수를 헤아릴 수 없으며[94]

일억 가지 보배 영락에 열 가지 보배 상륜인 도솔타천왕도 권속이 또한 그러하여 가히 그 수를 헤아릴 수 없으며

하늘 광명 보배 영락에 열한 가지 보배 상륜인 화락천왕도 권속이 또한 그러하며

마니 보배광명 영락에 열두 가지 보배 상륜인 타화자재천왕도 권속이 또한 그러하며

천색千色 용 보배광명 지혜 영락에 열세 가지 보배 상륜인 범천왕도 권속이 또한 그러하며

범천 사자 보배광명 영락에 크게 응대하는 보배 상륜인 광음천왕도 권속이 또한 그러하여 가히 사의할 수 없으며

보배광명 영락에 흰 구름 보배 상륜인 정천왕淨天王[95]도 권속이 또한 그러하며

---

93 또한 그러하다고 한 것은, 『잡화기』에 염마라 천왕의 권속도 또한 이만二萬이라고 말하는 것이다 하였다.

94 가히 그 수를 헤아릴 수 없다고 한 것은, 『잡화기』에 아래 구절에 속한다 하였다.

95 정천왕淨天王이라고 한 것은 색계 제삼선천이니 소정천少淨天과 무량정천無量淨天과 변정천遍淨天이다.

백만 신통 보배광명 영락에 두려움이 없는 진주 보배 상륜인 정거천
왕[96]도 권속이 또한 그러하며

천만 하늘 색상 보배광명 영락에 깨달음의 공덕 보배광명 상륜인
삼계왕은 일체 보살로 권속을 삼았으며

한량없는 공덕 창고 보배광명 영락에 천 가지 복의 상륜인 법계왕은
일생보처 보살로 권속을 삼았나니

불자여, 이 위에 영락과 상륜은 일체 부처님과 그리고 보살이 행동하
고 그침에 함께 노닐며 항상 그 몸을 따라다니며, 또한 일체중생을
교화하기에 그런 까닭으로 이와 같은 과보의 수법數法이 있는 것이다
하였다.

해석하여 말하면 이상에서 『영락경』의 문장을 갖추어 인용하였기에
소문疏文을 쉽게 알 수 있으리니, 분명히 알아라. 이만 명의 아들을
지난 적이 없는[97] 것이다.

按喜見下는 以二義證하야 唯合五百이니 一은 所統이니 但統於城하
고 不統四天下일새 故非金輪이라 二는 旣遇三佛이니 佛出減劫하고
輪王出增劫일새 故知非也니라

희견왕이 통치하여 거느리는 바를 안찰하였다고 한 아래는 두 가지

---

96 정거천왕이라고 한 것은 색계 제사선천이니 곧 오정거천五淨居天 혹은 오불환
천五不還天이라고도 한다. 앞에서 이미 말한 바 있다.

97 이만 명의 아들을 지난 적이 없다고 한 것은 도리천에 희견천왕은 이만
명의 아들을 지나 권속을 삼은 적이 없다는 것이다.

뜻으로 증거하여 오직 오백 명으로 합석한 것이니

첫 번째는 통치하는 바이니

다만 희견성만 통치하고 사천하를 통치하지 못하기에 그런 까닭으로 금륜왕이 아니다.[98]

두 번째는 이미 세 부처님을 만난 것이니

부처님은 감소하는 세월(減劫)에 출현하시고 윤왕은 더하는 세월(增劫)에 출현하기에 그런 까닭으로 아닌 줄 알아야 할 것이다.[99]

---

98 금륜왕이 아니라고 한 것은 곧 은륜왕으로써 오백 명의 아들로 권속을 삼았다는 것이다.

99 아닌 줄 알아야 할 것이라고 한 것은 금륜왕이 아닌 줄 알아야 한다는 것이다. 금륜왕은 일천 명으로 권속을 삼았고, 은륜왕은 오백 명으로 권속을 삼았으니 오백 명이 정석正釋이라는 것이다.

經

爾時에 **大威光太子**가 **見佛光明已**하고 **以昔所修善根力故**로 **卽時證得十種法門**하니

그때에 대위광 태자가 부처님의 광명을 보아 마치고 옛날에 수행한 바 선근의 힘인 까닭으로 즉시에 열 가지 법문을 증득하였으니

疏

第三에 **爾時下**는 **威光得益**이라 **文分爲二**리니 **先**은 **擧因總標**라

제 세 번째 그때에라고 한 아래는 대위광 태자가 이익을 얻은 것이다.
경문을 나누어 두 가지로 하리니
먼저는 원인을 들어[100] 한꺼번에 표한 것이다.

---

100 원인을 들어 운운한 것은 원인을 들었다고 한 것은 경문 가운데 옛날에 수행한 바 선근의 힘이라 한 것이고, 한꺼번에 표한 것이라고 한 것은 경문 가운데 열 가지 법문을 증득하였다고 한 것이다.

經

何謂爲十고 所謂證得一切諸佛의 功德輪三昧며

어떤 것을 일러 열 가지라 하는가.
말하자면 일체 부처님의 공덕륜의 삼매를 증득한 것이며

疏

後에 何謂下는 列益名體니 皆從勝用으로 標名이라 一은 佛德圓滿
하야 摧障稱輪이요 定中能知일새 故受斯稱이라

뒤에 어떤 것이라고 한 아래는 이익의 이름 자체[101]를 열거한 것이니
다 수승한 작용으로 좇아 이름을 표한 것이다.
첫 번째는 부처님의 공덕이 원만하여 장애를 꺾었기에 공덕륜(輪)이
라 이름하고
삼매 가운데서 능히 알기에 그런 까닭으로 이 삼매의 이름을 받은
것이다.

---

101 이름 자체라고 한 것은, 이름을 열거한 것이 곧 이 자체를 설출한 것이라고
    『잡화기』는 말한다.

經

證得一切佛法의 普門陀羅尼며

일체 불법의 보문다라니를 증득한 것이며

疏

二는 此總持가 能持諸佛普法이라

두 번째는 이 총지(다라니)가 능히 모든 부처님의 넓은 법문을 가지는
것이다.

經

證得廣大方便藏般若波羅蜜이며

광대한 방편의 창고 반야바라밀을 증득한 것이며

疏

三은 卽空涉有가 名爲方便이요 斯則權實雙行이 爲不共般若니 稱體用之廣大라

세 번째는 공에 즉하여 유有를 간섭하는 것이 이름이 방편이 되고 이에 곧 방편과 진실[102]을 함께 행하는 것이 불공반야가 되나니 자체와 작용이 광대함을 이름한 것이다.

---

102 방편과 진실이라고 한 것은, 위에 유有를 간섭한다고 한 것은 방편이 되나니 작용이 넓다(廣) 이름하는 것이고, 공에 즉한다고 한 것은 진실이 되나니 자체가 크다(大) 이름하는 것이다. 역시 『잡화기』의 말이다.

經

證得調伏一切衆生하는 大莊嚴大慈며

일체중생을 조복하는 큰 장엄의 대자大慈를 증득한 것이며

疏

四는 以二嚴調伏이 眞實慈也라

네 번째는 두 가지 장엄으로써 중생을 조복하는 것이 진실한 대자大慈
이다.

經

證得普雲音大悲며

넓은 구름 음성의 대비大悲를 증득한 것이며

疏

五는 法雲震音하야 能拔苦本이라

다섯 번째는 진리의 구름이 음성을 진동하여 능히 고통의 근본을 뽑는 것이다.

經

證得生無邊功德하는 最勝心大喜며

끝없는 공덕을 내는 가장 수승한 마음의 대희大喜를 증득한 것이며

疏

六은 稱理法喜일새 故德無邊이요 自他俱慶일새 心爲最勝이라

여섯 번째는 이치에 칭합한 진리의 기쁨이기에 그런 까닭으로 공덕
이 끝이 없는 것이요
자타가 함께 경사하기에 마음이 가장 수승함이 되는 것이다.

經

證得如實覺悟一切法大捨며

일체법을 여실하게 깨달은 대사大捨를 증득한 것이며

疏

七은 知離名法이요 法亦應捨가 如實捨也라

일곱 번째는 떠난 것[103]을 아는 것이 이름이 법이요
법도 또한[104] 응당 버리는 것이 여실하게 버리는 것이다.

鈔

知離名法者는 卽思益經第一이라 思益梵天이 問言世尊호대 云何名
爲菩薩遍行이닛가 佛言하사대 能淨身口意業이니라 爾時世尊이 而

---

103 떠난 것이라고 한 것은 본성을 떠났다는 것이다.

104 법도 또한 이라고 한 등은, 만약 다만 본성을 떠난 것을 아는 것이 이름이
    법이라 하지만 그러나 그 본성을 떠난 법을 둔다면 곧 비록 깨달음이라
    이름하지만 여실한 깨달음이라 이름함을 얻을 수 없는 것이다. 지금인즉
    이미 본성을 떠난 것을 아는 것이 이 법이라 하였다면, 본성이 이미 본성을
    떠났거니 어찌 그 법을 두겠는가. 법도 또한 두지 않는 까닭으로 바야흐로
    여실하게 버리는 것이니, 여실하게 버리면 곧 깨달음인 것이다. 역시 『잡화
    기』의 말이다.

說偈云하사대 若身淨無惡하며 口淨常實語하며 心淨常行慈인댄 是
菩薩遍行이니라 行慈不貪著하며 觀不淨無恚하며 行捨而不癡인댄
是菩薩遍行이니라 在聚落空野하며 及與處大衆하야 威儀終不轉인
댄 是菩薩遍行이니라 知法名爲佛이며 知離名爲法이며 知無名爲僧
이니 是菩薩遍行이라하니라

떠난 것을 아는 것이 이름이 법이라고 한 것은 곧 『사익범천소문경』
제일권이다.
사익범천이 세존께 물어 말하기를 어떤 것이 이름하여 보살의 변행
이 됩니까.
부처님이 말씀하시기를 능히 신·구·의 삼업三業을 청정하게 하는
것이다.
그때에 세존이 다시 게송을 설하여 말씀하시기를

만약 몸이[105] 청정하여 더러움이 없으며
입이 청정하여 항상 말을 진실하게 하며
마음이 청정하여 항상 자비를 행한다면
이것이 보살의 변행이다.

자비를[106] 행하여[107] 탐착하지 아니하며

---

105 만약 몸이 운운한 것은 첫 번째 게송이다.
106 자비를 운운한 것은 제 두 번째 게송이다.
107 자비를 행한다고 한 등은 말하자면 전전히 다스리는 것이라고 『잡화기』는

부정함을 관찰하여 성을 내지 아니하며
희사를 행하여 어리석지 아니한다면
이것이 보살의 변행이다.

마을과¹⁰⁸ 빈 들판에 있으며
그리고 대중과 더불어 거처하여
위의를 마침내 전변하지 않는다면
이것이 보살의 변행이다.

법을 아는 것이¹⁰⁹ 이름이 부처가 되며
떠난 것을 아는 것이 이름이 법이 되며
무위無爲를 아는 것이¹¹⁰ 이름이 스님(僧)이 되나니

말한다.

108 마을과 운운한 것은 제 세 번째 게송이다.

109 법을 아는 것이 운운한 것은 제 네 번째 게송이다.

110 무위를 아는 것이라고 한 등은, 이 구절은 위에 두 구절(법을 아는 것이라 한 이하 두 구절)로 더불어 해석하는 바가 그 예가 다르다. 위에 두 구절은 곧 다 아래 네 글자(一句엔 법·명·위·불. 二句엔 리·명·위·법)가 알아야 할 바(所知)에 속하거늘, 지금에 한 구절은 곧 오직 한 글자(無字)만 알아야 할 바에 속하는 까닭이다. 이상은 『잡화기』의 말이다. 이 『잡화기』의 말대로 하면 법이 이름이 부처가 되는 줄 알며 떠나는 것이 이름이 법이 되는 줄 안다고 번역해야 하고, 아래 구절은 지금과 같이 번역할 것이나, 그러나 나는 법을 아는 것이 운운, 떠난 것을 아는 것이 운운으로 번역하였으니 깊이 생각해 볼 것이다.

이것이 보살의 변행이다 하였다.

釋曰此當第四偈나 因便故來하니 欲釋此偈하야 令知起盡故니라 以此一偈를 人多解釋거니와 今觀經意하니 三箇知字가 皆是觀行之人이 若能如是知인댄 是菩薩遍行이라 知法名爲佛者는 卽是眞佛이라 法身如來는 佛卽是法이요 法卽是佛이니 亦猶如來者는 卽諸法如義니라 次應問言호대 法卽是佛은 於義已解어니와 何者是法고할새 故次句云호대 知離卽是法이라하니 以一切法의 本性離故며 心體離念이 卽是覺故니라 次應問云호대 法本自離인댄 則無所修어니 何得有僧고할새 故次解云호대 知無名爲僧이라하니 無爲卽法이라 法本自離니 由知無爲일새 故得成僧이라 故大品云호대 由知諸法空하야 分別有須菩提等이라하며 金剛經云호대 一切聖賢이 皆以無爲法으로 而有差別이라하니 謂俱學無爲나 有淺有深일새 乃成差別이언정 非無爲法이 而有差別也니라 今疏엔 正取知離名法이나 若不捨法인댄 非知離也니라 故云法亦應捨라하니 卽金剛意니라 法尙應捨어든 何況非法가하니 因法得悟가 如栰渡人하나니 若不捨法인댄 如住舟內리라 要捨於舟하야사 方至彼岸이요 要忘所捨하야사 方爲如實히 覺悟諸法하야 爲眞捨也리라 故大般若云호대 般若甚深하니 知一切法의 本性離故라하며 又文殊釋云호대 如佛世尊하야 堪受供養은 以於一切法에 覺實性故라하니 是故經云호대 如實覺一切法大捨라하니라

해석하여 말한다면 여기서[111]는 제 네 번째 게송에 해당하는 것이지만 편리함을 인한 까닭으로 앞에 세 가지 게송도 다 이끌어 왔으니

이 게송을 해석하여 하여금 생기고 다하는 것[112]을 알게 하고자 하는 까닭이다.

이 네 번째 한 게송을 많은 사람들이 해석하였거니와 지금에 『사익경』의 뜻을 관찰하여 보니 세 개의 지知 자[113]가 다 이 관행하는 사람이 만약 이와 같이 안다면 이것이 보살의 변행이라는 뜻이다.

법을 아는 것이 이름이 부처가 된다고 한 것은 곧 이것은 참 부처이다. 법신여래는 부처가 곧 이 법이요 법이 곧 이 부처이니,

또한 오히려 여래라고 한 것은 곧 모든 법이 여의如義하다는 것이다. 다음에 응당 물어 말하기를 법이 곧 이 부처라고 한 것은 뜻을 이미 해석하였거니와 어떤 것이 이 법인가 할 것이기에, 그런 까닭으로 다음 구절에 말하기를 떠난 것을 아는 것이 곧 이 법이다 하였으니, 일체법의 본성에는 모든 것을 떠난 까닭이며 마음의 본체에는 생각을 떠난 것이 곧 이 깨달음인 까닭이다.

다음에 응당 물어 말하기를 법이 본래 스스로 모든 것을 떠났다고 한다면 곧 닦을 바가 없거니 어찌 수행할 스님이 있음을 얻겠는가 할 것이기에, 그런 까닭으로 다음 구절에 해석하여 말하기를 무위를

---

111 여기서 운운한 것은, 여기란 여기 『화엄경』 제 일곱 번째 일체법을 여실하게 깨달은 대사大捨이고, 제 네 번째 게송이란 『사익범천 소문경』 제 네 번째 게송인 법을 아는 것이 이름이 부처가 된다 운운한 것이다.

112 생기고 다하는 것이란, 『잡화기』에 기진起盡은 오히려 시종始終이라 말할 것이다 하였으니 기起는 시始이고, 진盡은 종終이라 하겠다. 여기서 생긴다고 한 것은 여기 제 네 번째 게송이 생기게 된 이유를 말한 것이니 즉 출처생기出處生起로써 앞의 세 게송을 가리킨다.

113 세 개의 지知 자라고 한 것은 지법知法과 지리知離와 지무知無의 지知 자이다.

아는 것이 이름이 스님(僧)이다 하였으니

무위가 곧 법이다.

법이 본래 스스로 모든 것을 떠났으니 무위를 아는 것을 인유하기에,

그런 까닭으로 스님(僧)이라 함을 이루는 것이다.

그런 까닭으로 『대품반야경』에 말하기를 모든 법이 공한 줄 앎을

인유하여 수보리가 분별하여 있다고 한 등이다 하였으며

『금강경』에 말하기를 일체 성인과 현인이 다 무위법으로써 차별이

있다 하였으니,

말하자면 함께 무위법을 배우지만 얕음이 있고 깊음[114]이 있기에

이에 차별을 이룰지언정 무위법이 차별이 있는 것은 아니다.

지금 소문에서는 바로 떠난 것을 아는 것이 이름이 법이라고 함을

취한 것이지만, 만약 법마저 버리지 않는다면 떠난 것을 안 것이

아니다.

그런 까닭으로 소문疏文에 말하기를 법도 또한 응당 버려야 한다고

하였으니

곧 『금강경』의 뜻이다.[115]

『금강경』에 법도 오히려 응당 버려야 하거든 어찌 하물며 비법이겠

는가 하였으니,

---

114 얕음과 깊음이란, 얕은 것은 현인賢人이고 깊은 것은 성인聖人이다.

115 곧 『금강경』의 뜻이라고 한 등은, 지금에는 모든 법을 잡아 말하고 저
　　『금강경』은 교법을 잡아 말한 것이라고 한다면 곧 법의 자체가 같지 않는
　　것이다. 그러나 지금에는 다만 법도 응당 버려야 한다는 예만 취하였을
　　뿐이다. 이상은 역시 『잡화기』의 말이다.

법을 인하여 깨달음을 얻는 것이 마치 뗏목으로 사람을 건너게
하는 것과 같나니, 만약 법마저 버리지 않는다면 마치 배 안에
머무는 것과 같을 것이다.

요는 배마저 버려야 바야흐로 저 언덕에 이를 것이요,

요는 버린 바마저 잊어야 바야흐로 여실하게 모든 법을 깨달아
진실로 버리게 될 것이다.

그런 까닭으로 『대품반야경』에 말하기를 반야는 깊고도 깊나니
일체법의 본성에는 모든 것을 떠난 줄 아는 까닭이다 하였으며,
또 『대품반야경』 만수실리분[116]에 해석하여 말하기를 부처님 세존과
같이 공양을 감수하는 것은 일체법에 진실한 자성을 깨달은 까닭이
다 하였으니,

이런 까닭으로 지금의 경에 말하기를 일체법을 여실하게 깨달은
대사大捨다 하였다.

---

116 원문에 문수석文殊釋이라고 한 것은 대품반야 만수실리분大品般若曼殊室利分
   이다. 석釋 자는 남장경에는 분分 자이다. 『잡화기』에는 또 문수 운운한
   것은 역시 저 대품반야경문이니 곧 석釋 자는 초가가 뜻으로 더한 것이다
   하였다.

經

證得廣大方便平等藏大神通이며

광대한 방편의 평등한 창고인 대신통을 증득한 것이며

疏

八은 善巧起用호대 平等無思니 通從此生일새 故名爲藏이라

여덟 번째는 선교방편으로 작용을 일으키지만 평등하여 사량이
없는 것이니,
신통이 이로 좇아 나기에 그런 까닭으로 이름을 창고(藏)라 한 것이다.

經

證得增長信解力大願이며

믿음과 지해知解의 힘을 증장케 하는 큰 서원을 증득한 것이며

疏

九는 盡衆生界토록 荷負無疲하야 要令信解가 爲大願也라

아홉 번째는 중생의 세계가 다하도록 지고 다니지만 피곤해함이
없이 하여금 믿고 알게 하기를 요망하는 것이 큰 서원이 되는 것이다.

經

證得普入一切智光明辯才門하니라

널리 일체 지혜의 광명에 들어가는 변재문을 증득한 것입니다.

疏

十은 所有辯才가 皆入佛智하야 自他俱照를 是曰光明이라 此上十法에 初三은 功德法이요 次四는 熏修法이요 後三은 起化法이라 多言大者는 境界無邊일새 稱性廣大요 智契貫達일새 並受證名이라

열 번째는 소유한 변재가 다 부처님의 지혜에 들어가 자기와 다른 사람을 함께 비추는 것을 이에 광명이라 말하는 것이다.
이 위의 십법에 처음에 세 가지 법은 공덕의 법이요
다음에 네 가지 법은 훈수熏修의 법이요
뒤에 세 가지 법은 교화를 일으키는 법이다.
대大라고 말한[117] 것이 많은 것은 경계가 끝이 없기에 자성이 광대함을 이름한 것이요
지혜가 관통하여 통달함에 계합하기에 아울러 증證[118]이라는 이름을 받는 것이다.

---

117 대大라고 말한 그 대大는 대신통, 대원을 말한다.
118 증證이란, 경문에 증득이라 한 그 證이다.

經

爾時에 大威光太子가 獲得如是法光明已하고 承佛威力하야 普
觀大衆하고 而說頌言호대

그때에 대위광 태자가 이와 같이 진리의 광명[119]을 얻어 마치고
부처님의 위신력을 받아 널리 대중을 관찰하고 게송을 설하여
말하기를

疏

第四는 偈讚如來라 文分爲二리니 先은 說偈之由라

제 네 번째는 게송으로 여래를 찬탄한 것이다.
문장을 나누어 두 가지로 하리니
먼저는 게송을 설하는 이유이다.

---

119 진리의 광명(法光)이라고 한 것은 열 가지 법문의 광명이다.

經

世尊坐道場하시니 淸淨大光明이
譬如千日出하야   普照虛空界하니다

無量億千劫에   導師時乃現거늘
佛今出世間하시니 一切所瞻奉하니다

세존이 도량에 앉으시니
청정한 큰 광명이
비유하자면 천 개의 태양이 나와서
널리 허공의 세계를 비추는 것과 같습니다.

한량없는 억천 세월에
도사께서 때때로 이에 출현하셨거늘
부처님이 지금에 세간에 출현하시니
일체 대중이 우러러 받드는 바입니다.

疏

後는 正陳偈讚니 十偈分三하리라 初二는 示佛出現이니 旣滅闇難
遇일새 不可失時니라

뒤에는 게송으로 찬탄한 것을 바로 진술한 것이니

열 게송을 세 가지로 분류하겠다.

처음에 두 게송은 부처님이 출현하신 것을 시현한 것이니

이미 어둠이 사라지고 만나기 어렵기에 가히 때를 잃지 않고 나타나

는 것이다.

經

汝觀佛光明하라 化佛難思議를
一切宮殿中에 寂然而正受하니다

汝觀佛神通하라 毛孔出焰雲하야
照耀於世間호대 光明無有盡하니다

汝應觀佛身하라 光網極淸淨하야
現形等一切호대 遍滿於十方하니다

妙音遍世間하니 聞者皆欣樂거늘
隨諸衆生語하야 讚歎佛功德하니다

世尊光所照에 衆生悉安樂하며
有苦皆滅除하고 心生大歡喜하니다

그대들은 부처님의 광명을 관찰하세요.
사의하기 어려운 화신불을
일체 궁전 가운데
고요히 정수正受하십니다.

그대들은 부처님의 신통을 관찰하세요.

털구멍에 불꽃 구름을 내어
세간을 비추시되
광명이 끝이 없으십니다.

그대들은 응당 부처님의 몸을 관찰하세요.
광명의 그물[120]이 지극히 청정하여
형상 등 일체를 나타내되
시방에 두루 가득하십니다.

묘한 음성이 세간에 두루하니
듣는 사람이 다 기뻐하고 즐거워하거늘
모든 중생의 말을 따라
부처님의 공덕을 찬탄하십니다.

세존의 광명이 비치는 곳에
중생이 다 안락하며
고통이 있음에 다 제멸하고
마음에 큰 환희를 내게 하십니다.

---

120 광명의 그물이라고 한 것은 두 가지 뜻이 있나니 첫 번째는 부처님의 광명이
   작은 실과 같은 것이고, 두 번째는 부처님의 광명이 법계에 충만한 것이
   그물로 세계를 덮는 것과 같은 것이다.

疏

次五는 令觀佛德이니 有德有慈에 眞可歸也라

다음에 다섯 게송은 하여금 부처님의 공덕을 관찰하게 하는 것이니
공덕이 있고 자비가 있음에 진실로 가히 귀의할 것이다.

經

觀諸菩薩衆하니 十方來萃止하며
悉放摩尼雲하야 現前稱讚佛하니다

道場出妙音호대 其音極深遠하야
能滅衆生苦하니 此是佛神力이니다

一切咸恭敬하고 心生大歡喜하야
共在世尊前하야 瞻仰於法王하니다

모든 보살 대중을 관찰하니
시방에서 모여[121]와 머물며
다 마니 구름을 놓아
현전에서 부처님을 칭찬합니다.

도량에서 묘한 음성을 내되
그 음성이 지극히 깊고도 멀어
능히 중생의 고통을 소멸하나니
이것은 부처님의 신통력입니다.

---

121 萃는 모일 췌 자이다.

일체가 다 공경하고
마음에 큰 환희를 내어
세존 앞에 함께 있으면서
법왕을 우러러봅니다.

疏

後三은 引例勸歸라 無遠不歸니 固宜往見이라

뒤에 세 게송은 예를 이끌어 귀의하기를 권한 것이다.
먼 곳에서까지 귀의하지 아니함이 없나니
진실로 마땅히 가서 친견할 것이다.

經

諸佛子아 彼大威光太子가 說此頌時에 以佛神力으로 其聲普遍
勝音世界어늘 時喜見善慧王이 聞此頌已하고 心大歡喜하야 觀
諸眷屬하고 而說頌言호대

모든 불자여, 저 대위광 태자가 이 게송을 설할 때에 부처님의
위신력으로써 그 음성이 널리 승음세계에까지 두루하거늘 그때에
희견선혜왕이 이 게송을 들어 마치고 마음이 크게 환희하여 모든
권속을 관찰하고 게송을 설하여 말하기를

疏

第五는 父王宣誥라 文分爲二리니 初는 宣誥所因이니 以聞讚故라
太子道深일새 親承佛益이요 王機猶淺일새 轉假他聞이라

제 다섯 번째는 부왕父王이 선설하여 말하는 것이다.
문장을 나누어 두 가지로 하리니
처음에는 원인하는 바를 선설하여 말하는 것이니
찬탄함을 듣는 까닭이다.
태자는 도가 깊기에 친히 부처님의 이익을 받는 것이요
왕은 근기가 오히려 얕기에 전전히 저 태자를 가자하여 듣는 것이다.

經

汝應速召集　　一切諸王衆과
王子及大臣과　城邑宰官等하며

普告諸城內하야 疾應擊大鼓하고
共集所有人하야 俱行往見佛하라하리다

一切四衢道에　悉應鳴寶鐸하고
妻子眷屬俱하야 共往觀如來니이다

그대[122]는 응당 속히
일체 모든 왕의 무리와
왕자와 그리고 대신과
성읍의 재상과 관료 등을 소집할 것이며

널리 모든 성안에 말하여
빨리 응당 큰북을 치고
있는 바 사람들을 다 모아서
부처님께 함께 걸어가 친견하라 할 것입니다.

---

122 여기서 그대는 우선 대위광 태자를 말한다. 앞에 두 게송은 대위광 태자에게
　　국왕 대신을 모아 부처님을 친견하라고 희견왕이 명령하는 것이고, 뒤에
　　한 게송은 희견왕이 나도 갈 것이라고 말하는 것이다.

일체 사거리 길에

다 응당 보배 목탁을 울리고

처자 권속과 함께

여래에게 같이 가볼 것입니다.

疏

二는 正以偈誥니 偈有十一이라 分之爲三하리니 初三은 集衆勸觀
이라

두 번째는 바로 게송으로써 말한 것이니

게송에 열한 가지가 있다.

그것을 나누어 세 가지로 하리니

처음에 세 게송은 대중을 모아 관찰하기를 권하는 것이다.

經

一切諸城廓을　宜令悉清淨케하며
普建勝妙幢하야　摩尼以嚴飾이니다

寶帳羅衆網하고　妓樂如雲布하며
嚴備在虛空하야　處處令充滿케하니다

道路皆嚴淨하고　普雨妙衣服하며
巾馭汝寶乘하야　與我同觀佛이니다

各各隨自力하야　普雨莊嚴具호대
一切如雲布하야　遍滿虛空中케하니다

香焰蓮華蓋와　半月寶瓔珞과
及無數妙衣를　汝等皆應雨니다

須彌香水海에　上妙摩尼輪과
及清淨栴檀을　悉應雨滿空케하니다

衆寶華瓔珞으로　莊嚴淨無垢하며
及以摩尼燈을　皆令在空住케하니다

일체 모든 성곽[123]을
마땅히 하여금 다 청정케 하며
널리 수승하고 묘한 당기를 건립하여
마니로써 장엄하고 꾸밀 것입니다.

보배 휘장에 수많은 그물을 나열하고
기악妓樂[124]을 구름같이 펼치며
장엄을 갖추어 허공에 두어
곳곳에 하여금 충만케 할 것입니다.

도로를 다 장엄하여 청정케 하고
널리 묘한 의복을 비 내리며
그대들의 보배 수레를 잘 꾸며[125] 끌고서
나와 더불어 같이 부처님을 뵈러 갈 것입니다.

각각 자기의 힘을 따라
널리 장엄구를 비 내리되
그 일체를 구름같이 펼쳐

---

123 성곽이라고 한 것은 성城은 내성內城이고, 곽郭은 외곽外郭이다.

124 기악妓樂은 사전엔 기생과 풍류라 하였으나, 여기서는 차라리 춤과 음악이라
할 것이다.

125 원문에 건어보승巾馭寶乘이라고 한 것은 보배 수레를 잘 꾸며(巾) 끌고 간다는
(馭) 뜻이다. 馭는 말 부릴 어 자이다.

허공 가운데 두루 충만케 할 것입니다.

향기 불꽃과 연꽃 일산과

반달 보배 영락과

그리고 수없는 묘한 옷을

그대 등이 다 응당 비 내릴 것입니다.

수미산과 향수해에

최상의 묘한 마니 바퀴와

그리고 청정한 전단을

다 응당 비 내려 허공에 충만케 할 것입니다.

수많은 보배 꽃 영락으로

장엄하어 깨끗이 때가 없이 하며

그리고 마니의 등을

다 하여금 허공에 머물러 있게 할 것입니다.

疏

次七은 勅令辦供이니 鄭注禮云호대 巾猶衣也니 謂以繒綵衣로

帶縛於車라하니라 廣雅云호대 馭는 駕也라하니라 餘並可知라

다음에 일곱 게송은 칙령하여 공양구를 갖추게 한 것이니

『정주례鄭注禮』에 말하기를 건巾은 오히려 의衣라 할 것이니[126]

말하자면 비단옷으로 저 수레를 띠 둘러 묶는 것이다[127] 하였다.

『광아廣雅』[128]에 말하기를 어馭는 가駕라 하였다.

나머지는 아울러 가히 알 수가 있을 것이다.

---

126 건은 오히려 의라 할 것이라고 한 것은 『자휘인집字彙寅集』에 또한 말하기를
   비단옷으로 수레를 꾸미는 것을 수건(巾)이라 말한다 하였다. 역시 『잡화
   기』의 말이다. 『자휘인집』은 명나라 때 응조가 지은 사전 이름이다.

127 혹은 비단옷 띠로 수레를 묶는다고 해석한다.

128 『광아廣雅』는 사전辭典, 옥편류玉篇類이다.

經

一切持向佛호대 心生大歡喜하야
妻子眷屬俱하야 往見世所尊이니다

일체 공양구를 가지고 부처님께 나아가되
마음에 큰 환희를 내어
처자 권속과 함께
가서 세상에서 존경하는 이를 친견할 것입니다.

疏

後一偈는 勸齋供佛이라

뒤에 한 게송은 공양구를 가지고 와서 부처님께 공양하기를 권하는
것이다.

經

爾時에 喜見善慧王이 與三萬七千夫人과 采女俱호대 福吉祥爲
上首하며 五百王子俱호대 大威光爲上首하며 六萬大臣俱호대
慧力爲上首하니라 如是等七十七百千億那由他衆이 前後圍遶
하고 從焰光明大城出하야 以王力故로 一切大衆이 乘空而往하
니 諸供養具가 遍滿虛空하며 至於佛所하야 頂禮佛足하고 却坐
一面하니라

그때에 기쁨으로 바라보는 좋은 지혜 왕(喜見善慧王)이 삼만 칠천
부인과 채녀로 더불어 함께하되 복길상이 상수가 되며
오백 왕자로 더불어 함께하되 대위광이 상수가 되며
육만 대신으로 더불어 함께하되 혜력이 상수가 되었습니다.
이와 같은 등 칠십칠백천억 나유타 대중이 앞뒤로 에워싸고 불꽃
광명의 큰 성을 좇아 나와서 왕의 힘을 사용한 까닭으로 일체
대중이 허공을 타고 나아가니
모든 공양구가 허공에 두루 가득하였으며,
부처님의 처소에 이르러 부처님의 발에 정례하고 한쪽으로 물러나
앉았습니다.

疏

第六은 俱行詣佛이니 初는 導從持供이요 後는 至而設敬이라

제 여섯 번째는 함께 부처님께 나아간 것이니

처음에는 따르는 이를 인도하되[129] 공양구를 가지고 간 것이요

뒤에는 부처님[130]의 처소에 이르러 공경을 편 것이다.

---

129 원문에 導從은 희견왕喜見王이 자기를 따르는 사람을 부처님께 인도한다는
   것이다.
130 뒤에는 부처님 운운한 것은 경문에 부처님의 처소에 이르러라고 한 이하이다.

經

復有妙華城에 善化幢天王호대 與十億那由他眷屬俱하며 復有
究竟大城에 淨光龍王호대 與二十五億眷屬俱하며 復有金剛勝
幢城에 猛健夜叉王호대 與七十七億眷屬俱하며 復有無垢城에
喜見乾闥婆王호대 與九十七億眷屬俱하며 復有妙輪城에 淨色
思惟阿脩羅王호대 與五十八億眷屬俱하며 復有妙莊嚴城에 十
力行迦樓羅王호대 與九十九千眷屬俱하며 復有遊戲快樂城에
金剛德緊那羅王호대 與十八億眷屬俱하며 復有金剛幢城에 寶
稱幢摩睺羅伽王호대 與三億百千那由他眷屬俱하며 復有淨妙
莊嚴城에 最勝梵王호대 與十八億眷屬俱하니라 如是等百萬億
那由他大城中에 所有諸王이 幷其眷屬으로 悉共往詣一切功德
山의 須彌勝雲如來所하야 頂禮佛足하고 却坐一面하니라

다시 묘한 꽃 성에 잘 교화하는 당기의 천왕이 있으되 십억 나유타
권속으로 더불어 함께하며

다시 구경의 큰 성에 청정한 광명의 용왕이 있으되 이십오억 권속으
로 더불어 함께하며

다시 금강의 수승한 당기성에 용건한 야차왕이 있으되 칠십칠억
권속으로 더불어 함께하며

다시 때가 없는 성에 기쁨으로 바라보는 건달바왕이 있으되 구십칠
억 권속으로 더불어 함께하며

다시 묘한 바퀴 성에 맑은 얼굴로 사유하는 아수라왕이 있으되

오십팔억 권속으로 더불어 함께하며

다시 묘하게 장엄한 성에 십력을 행하는 가루라왕이 있으되 구십구
천 권속으로 더불어 함께하며

다시 유희하고 쾌락하는 성에 금강공덕의 긴나라왕이 있으되 십팔
억 권속으로 더불어 함께하며

다시 금강의 당기성에 보배로 칭송되는 당기의 마후라가왕이 있으
되 삼억 백천 나유타 권속으로 더불어 함께하며

다시 청정하고 묘하게 장엄한 성에 가장 수승한 범왕이 있으되
십팔억 권속으로 더불어 함께합니다.

이와 같은 등 백만억 나유타 큰 성 가운데 있는 바 모든 왕이
그 권속과 아울러 다 함께 일체 공덕산[131]에 수미의 수승한 구름
여래의 처소에 나아가 부처님의 발에 정례하고 한쪽으로 물러나
앉았습니다.

疏

第二에 復有妙華下는 略列諸王이니 文易可知라

제 두 번째 다시 묘한 꽃 성에 잘 교화하는 당기의 천왕이 있다고
한 아래는 간략하게 모든 왕을 열거한 것이니
문장은 쉽게 가히 알 수가 있을 것이다.

---

131 원문에 공덕功德이라고 한 아래에 앞에도 뒤에도 산山 자가 있다. 바로
뒤에 여래라고 한 것은 뒤에서는 불佛이라 하였다. 뒤라고 한 것은 영인본
화엄 4책, p.285이다.

經

時彼如來가 爲欲調伏諸眾生故로 於眾會道場海中에 說普集
一切三世佛自在法한 修多羅하시니 世界微塵數修多羅로 而爲
眷屬하야 隨眾生心하야 悉令獲益케하니라

그때에 저 여래가 모든 중생을 조복하고자 하기 위한 까닭으로
대중이 모인 도량의 바다 가운데 널리 일체 삼세에 부처님의 자재한
법을 모은 수다라를 설하시니
세계에 작은 티끌 수만치 많은 수다라로 권속을 삼아 중생의 마음을
따라서 다 하여금 이익을 얻게 하였습니다.

疏

第六에 時彼如來下는 廣演法門이니 文分爲五리라 一은 佛轉法輪
이요 二는 威光獲益이요 三은 以偈讚述이요 四는 傳化眾生이요
五는 佛加讚勵니 今初也라 佛解脫用은 主教宣示요 刹塵眷屬은
隨機益殊라

제 여섯 번째 그때에 저 여래라고 한 아래는 널리 법문을 연설한
것이니
문장을 나누어 다섯 가지로 하겠다.
첫 번째는 부처님이 법륜을 전한 것이요
두 번째는 대위광 보살이 이익을 얻는 것이요

세 번째는 게송으로 찬탄하여 진술한 것이요
네 번째는 중생에게 전하여 교화한 것이요[132]
다섯 번째는 부처님이 가피하여 찬탄하고[133] 격려한 것이니
지금은 처음이다.
부처님의 해탈 작용은 주교主敎가 선설하여 현시한 것이요
세계에 작은 티끌 수만치 많은 권속은 근기를 따라 이익을 얻는
것이 다른 것이다.

---

132 중생에게 전하여 교화한 것이라고 한 것은 영인본 화엄 4책, p.284, 4행에
　　대위광 보살이 일체 공덕산에 수미의 수승한 구름 여래가 옛날에 수행한
　　것을 일체 세간의 중생에게 전하여 교화한 것이다.
133 찬贊 자는 아래 영인본 화엄 4책, p.285 말행에는 찬讚 자이다.

經

是時에 大威光菩薩이 聞是法已하고 卽獲一切功德山에 須彌勝
雲佛이 宿世所集法海光明하나니

이때에 대위광 보살이 이 법문을 들어 마치고 곧 일체 공덕산에
수미의 수승한 구름 부처님이 숙세에 모은 바 진리의 바다에 광명을
얻었나니

疏

第二에 是時大威下는 得益이라 於中初總이요 後別이라 總中에 上說
三世佛法이 卽佛昔所集也라 旣見佛得益일새 轉受菩薩之名이라

제 두 번째 이때에 대위광 보살이라 한 아래는 대위광 보살이 이익을
얻은 것이다.
그 가운데 처음에는 한꺼번에 나타낸 것이요
뒤에는 따로 나타낸 것이다.
한꺼번에 나타낸 가운데 위에서 삼세에 부처님의 자재한 법을 모은
수다라를 설한 것이 곧 부처님이 옛날에 모은 바이다.
이미 부처님을 친견하고 이익을 얻었기에 반전하여 보살이라는
이름을 받았다.[134]

---

134 보살이라는 이름을 받았다고 한 것은 대위광 태자를 대위광 보살이라 하였다
　　는 것이다.

經

所謂得一切法聚平等三昧하는 智光明과

말하자면 일체법의 뭉치인 평등삼매를 얻는 지혜 광명과

疏

所謂下는 別이라 智卽是體요 光明語用이라 所照境殊일새 故分十
一也니 初一은 深定智明이라 一切法聚는 略有三義하니 一은 正定
等三이요 二는 善惡等三이요 三은 總收一切니 不出有爲無爲의
二種法聚라 二位相收하면 一味性現일새 故云平等이요 定中證此
일새 名彼三昧라

말하자면이라고 한 아래는 따로 나타낸 것이다.
지혜는 곧 자체요
광명은 작용을 말한 것이다.
비추는 바 경계가 다르기에 그런 까닭[135]으로 열한 가지 광명으로
분류하였으니
처음에 한 광명은 깊은 삼매의 지혜 광명이다.
일체법의 뭉치라고 한 것은 간략하게 세 가지 뜻이 있나니

---

135 원문에 고소故疏라 한 소疏 자는 필요 없는 글자라고 『잡화기』는 말한다.
    따라서 지우고 번역하였다.

첫 번째는 정정正定 등 세 가지요

두 번째는 선·악 등 세 가지요

세 번째는 일체를 모두 거두는 것이니

유위와 무위의 두 가지 법취를 벗어나지 않는 것이다.

유위 무위의 두 지위가 서로 거두면 한맛(一味)의 자성이 나타나기에

그런 까닭으로 말하기를 평등이라 하고,

삼매 가운데 이것을 증득하기에 저를 이름하여 삼매라 하는 것이다.

鈔

智卽是體者는 智體如日하고 用如日光하나니 日體雖一이나 能放千光하고 智體不殊나 能照萬境하니라 又日光無二나 所照物殊하고 智光無差나 隨境分照니라 一에 正定等者는 謂等取邪定不定聚故라 二에 善惡等者는 等取無記라 三에 總收는 爲二요 四에 二位下는 融而爲一이라

지혜는 곧 자체라고 한 것은 지혜의 자체는 태양과 같고 작용은 태양의 광명과 같나니,

태양의 자체는 비록 하나지만 능히 천 개의 광명을 놓고 지혜의 자체는 다르지 않지만 능히 만 가지 경계를 비추는 것이다.

또 태양의 광명은[136] 둘이 없지만 비추는 바 사물이 다르고, 지혜의

---

[136] 또 태양의 광명이라고 한 등은 『잡화기』에 이 위에는 곧 초문 가운데 또 다른 뜻이고, 지금에는 바로 소문 가운데 원래의 뜻이다 하였다.

광명은 차별이 없지만 경계를 따라 나누어 비추는 것이다.

첫 번째 정정 등 세 가지라고 한 것은 말하자면 사정과 부정취를 등취한 까닭이다.
두 번째 선·악 등이라고 한 것은 무기를 등취한 것이다.
세 번째 모두 거둔다고 한 것은 모두 거두어 두 가지로 한 것이요
네 번째 유위·무위의 두 지위[137]라고 한 아래는 융합하여 하나로 한 것이다.

---

137 네 번째 유위·무위의 두 지위라고 한 등은, 세 번째와 네 번째의 두 단은 다 제 세 번째 뜻 가운데서 열어 설출한 것이어늘, 지금 세 번째라 말하고 네 번째라 말한 것은 곧 품을 따라 크게 나눈 예와 같다 하겠다. 역시 『잡화기』의 말이다.

經

一切法이 悉入最初菩提心中住하는 智光明과

일체법이 다 최초의 보리심 가운데 들어가 머무는 지혜 광명과

疏

二는 大心智明이니 謂後後因果가 皆入初心이라 略有三義하니 一
은 後因初得일새 故言一切悉入이라하니 若修途에 至在初步인댄
學者는 祿在其中이라 二는 菩提直心으로 正念眞如니 眞如門內에
攝一切法이라 三者는 三德開顯하야 前後圓融이니 初發心時에 便
成正覺故니라

두 번째는 대심의 지혜 광명이니
말하자면 뒤에 뒤에의 인과가 다 최초의 보리심에 들어가는[138] 것
이다.
간략하게 세 가지 뜻이 있나니
첫 번째는 뒤에가 최초의 보리심을 인하여 얻기에[139] 그런 까닭으로

---

138 뒤에 뒤에의 인과라고 한 것은 초문에는 육위六位에 배대하여 말하였으나
   뒤에 뒤에의 인과는 경문에 일체법을 상대한 것이고, 다 최초 보리심에
   들어간다고 한 것은 경문에 최초의 보리심을 상대한 것이다.
139 첫 번째는 뒤(後)에가 최초(初)의 보리심을 인하여 얻었다고 한 것은 역시
   뒤는 일체법을 상대한 것이고, 최초는 보리심을 상대한 것이다.

말하기를 일체법이 다 최초의 보리심에 들어간다 하였으니,
만약 길을 감에[140] 목적지에 이르는 것이 첫 걸음에 있다면 배우는
사람은 봉록이 그 처음 배우는 가운데 있는 것이다.
두 번째는 보리의 직심直心으로 바로 진여를 생각하는 것이니
진여문 안에 일체법을 섭수하는 것이다.
세 번째는 삼덕[141]을 개현開顯하여 앞뒤로 원융하게 하는 것이니
처음 발심할 때에 문득 정각을 이루는 까닭이다.

鈔

謂後後因果等者는 總釋也라 六位相望일새 故成後後니 五位爲因이
요 妙覺爲果라 又位位之中에 亦有因果하니 如十地中調柔果等하니
라 若修途에 至在初步者는 卽肇公不遷論也라 論云호대 是以如來功
은 流萬世而常存하고 道通百劫而彌固하나니 成山에 假就於始簣하
고 修途에 託至於初步者는 果以功業이 不可朽故也라하니라 彼論意
云호대 物各性住일새 故無往來라하얏거니와 今雖引文이나 用意少別

---

140 수도修途라 한 수修 자는 『잡화기』에 장長 자의 뜻이니, 경사經史에 수修라고
한 것은 다 수자修字라 하고, 『시경』 소아편小雅篇에는 네 수컷(四牡)이 길고
넓다(修廣) 하였다고 말하고 있다. 그렇다면 수도修途란 장구한 길이라는
뜻이고 수도修途란 먼 길이라는 뜻이다. 그렇다면 먼 길에 이르는 것이라고
해석할 것이다. 그러나 나는 수修 자에 행行 자의 뜻을 포함하고 있다고
보아 간다(行)고 해석하였다. 더 구체적으로 해석하면 먼 길을 감에라고
해석할 것이다.
141 삼덕三德이란 법신, 반야, 해탈이다.

이라 此言은 本出莊子의 千里之途가 在於足下니 其猶滔滔之水가
本於濫觴하고 合抱之木이 生自毫末이라 後由初得일새 故曰在初라
하니라 學者는 祿在其中矣는 意亦同上이니 卽論語에 子張學干祿한
대 子曰多聞闕疑하고 愼言其餘인댄 則寡尤이요 多見闕殆하고 愼行
其餘인댄 則寡悔니 言寡尤하고 行寡悔인댄 祿在其中矣라하니라 注曰
干은 求也요 祿은 位也라 雖未得祿이나 得祿之道也라 故得祿在後나
由學而能得일새 故居學中이라하니 此上一義는 通諸經論이라 二에
菩提直心等者는 卽起信論의 法性宗中에 實敎之意라 然菩提心에
總有三心거늘 今但直心中攝하나니 以直心으로 正念眞如라 眞如는
卽起信에 生滅眞如의 二門之一이니 故云眞如門內라하니라 然此二
門이 皆各總攝一切法이나 唯取眞如는 謂一切法과 及後後諸德이
皆依眞如니 眞如無二하야 通爲諸法之體니라 今菩提心으로 正念眞
如일새 故能攝也니라

말하자면 뒤에 뒤에의 인과라고 한 등은 한꺼번에 해석한 것이다.
육위六位가 서로 바라보기에 그런 까닭으로 뒤에 뒤에를 이루나니
오위五位는 원인이 되고 묘각은 과보가 되는 것이다.
또 지위 지위 가운데 또한 인과가 있나니
십지 가운데 조유과調柔果[142] 등과 같다.

만약 길을 감에 목적지에 이르는 것이 첫걸음에 있다면이라고 한

---

[142] 조유과라고 한 것은 『잡화기』에 곤자권崑字卷 하권 31장을 보라 하였다.

것은 곧 승조 법사의 『불천론不遷論』[143]이다.

『조론』에 말하기를 이런 까닭으로 여래의 공덕은 만세에 유통하여 영원히 존재하고, 도는 백겁에 유통하여 더욱 견고하나니 산을 이룸에 처음 한 삼태기 흙을 가자하여 이루고, 길을 감에 첫걸음을 의지하여 이르는 사람은[144] 과연 그 공업功業이 썩어 무너진 다고 하는 것은 불가한 까닭이다 하였다.

저 『조론』의 뜻에 말하기를 사물이 각각 자성이 머물기에 그런 까닭으로 가고 옴이 없다 하였거니와, 지금에는 비록 문장을 인용하였지만 인용한 뜻은 조금 다르다.

이 말은 본래 『장자』에 천리의 길이 저 발아래에 있다고 한 데서 나온 것이니 그것은 마치 도도한 물줄기가 남상濫觴의 물을 근본으로 하고 아름드리나무가 호말毫末만 한 나무로부터 생겨났다고 한 것과 같다.

따라서 뒤에가 최초의 보리심을 인유하여 얻기에 그런 까닭으로 말하기를 최초의 보리심에 있다고 하였다.

배우는 사람은 봉록이 그 처음 배우는 가운데 있다고 한 것은 그 뜻이 또한 위에서 말한 것과 같나니,[145]

---

143 『불천론不遷論』이란, 구체적으로 『물불천론物不遷論』이다.

144 자者 자는 『조론』에는 없다. 그러나 『잡화기』에는 본 『조론』을 기준한즉 『조론』의 문장이 초보初步라고 하는 것에서 끝난다 하나 다음 줄 고야故也까 지이다.

145 위에서 말한 것과 같다고 한 것은 장자가 말한 천리의 길이 저 발아래에

곧 『논어』[146]에 자장이[147] 봉록 구하는 법을 배우려 한데, 공자가
말하기를 많이 들어 의심을 없애고 그 나머지를 삼가하여 말하면
곧 허물이[148] 적을 것이요,

많이 보아 위태함을 없애고 그 나머지[149]를 삼가하여 행하면 곧

있다 운운한 것과 같다는 것이다.

146 『논어』는 제이권 위정편爲政篇이다.

147 자장이라고 한 등은, 자장은 공자의 제자이니 성은 전손顓孫이고 이름은
사師이다. 간干이라고 한 것은 구한다는 뜻이고, 녹祿이라고 한 것은 벼슬하는
사람의 봉록俸祿이다.

여씨呂氏가 말하기를 의심한다(疑)고 한 것은 아직 믿지 않은 바이고, 위태하
다(殆)고 한 것은 아직 편안하지 않다는 것이라 하였다. 이상은 다 『잡화기』의
말이다.

148 허물(尤)이라고 한 등은, 정자程子가 말하기를 허물이라고 한 것은 죄가
밖으로부터 이르는 것이고, 후회(悔)라고 한 것은 이치가 안으로부터 나오는
것이다 하였다.

주자朱子가 말하기를 많이 듣고 본다(영인본 화엄 4책, p.275, 2행과 3행)고
한 것은 학문이 넓은 것이고, 의심과 위태함이 없다(영인본 화엄 4책, p.275,
2행과 3행)고 한 것은 가리는 것이 정밀한 것이고, 말과 행을 삼가한다고
한 것은 지켜야 하는 약속이다 하였다. 무릇 그 가운데 있다(녹재기중祿在其中)
고 말한 것은 다 구하지 않고 스스로 얻는다는 말이다. 이것을 말하여
자장의 허물을 구제하고 정진케 하는 것이다. 또 말하기를 학문이 넓지
못하면 곧 가히 가릴 수 없고, 많이 듣고 많이 보았다면 학문이 이미 넓어진
것이니 반드시 많이 들음에 정밀하게 가리는 것이다. 그 믿지 않는 바와
편안하지 않는 바가 없다면 곧 들떠 뒤섞이는 넓음이 없을 것이고, 가리는
것이 이미 정밀한 연후에 말과 행을 삼가함을 더한다면 그 나머지 이미
믿고 이미 편안한 사람을 지키는 바에 바야흐로 그 약속을 얻을 것이다
하였다. 역시 『잡화기』의 말이다.

후회가 적을 것이니,

말에 허물이 적고 행동에 후회가 적으면 봉록이 그 가운데 있다

하였다.

『집주集注』[150]에 말하기를 간干은 구求의 뜻이요,

녹祿은 위位의 뜻이다.

비록 아직도 봉록을 얻지는 못하였지만 봉록을 얻는 도道이다.

그런 까닭으로 봉록을 얻는 것은 뒤에 있지만 먼저 배움을 인유하

여 능히 얻기에 그런 까닭으로 봉록이 처음 배우는 가운데 있다

하였으니,

이 위에 한 가지 뜻은 모든 경론에 통하는 것이다.

두 번째 보리의 직심이라고 한 등은 곧 『기신론』의 법성종 가운데

실교의 뜻이다.

그러나 보리심에 모두 삼심이 있거늘 지금에는 다만 직심 가운데

섭수하나니 직심으로 바로 진여를 생각하는 섯이다.

진여는 곧 『기신론』에 생멸과 진여 두 문의 하나이니,

그런 까닭으로 말하기를 진여문 안이라 하였다.

그러나 이 두 문이 다 각각 일체법을 모두 섭수하지만 오직 진여만을

취한 것은 말하자면 일체법과 그리고 뒤에 뒤에의 모든 공덕이

다 진여를 의지하나니 진여는 둘이 없어서 모두 제법의 자체가

되는 것이다.

───────────────

149 나머지라고 한 것은 자장의 고자세를 은연중에 말하고 있다.

150 『집주集注』는 『논어집주論語集注』이다.

지금에는 보리심으로 바로 진여를 생각하기에 그런 까닭으로 능히 섭수하는 것이다.

三者에 三德開顯下는 卽別教一乘의 圓融義也니 不同餘義니라 言三德開者는 卽發心功德品에 初發心時에 得如來一身에 無量身은 則法身開顯이요 得究竟智慧며 得一切智慧光明은 則般若開顯이요 不於諸法에 少有所得은 卽解脫開顯이라 以心離妄取하야 寂照雙流일새 故此心中에 無德不攝이니 因該果海가 並在初心이라 初發心時에 便成正覺은 卽梵行品文이라 言初後圓融者는 以初是卽後之初요 後是卽初之後라 以緣起法이 離初無後요 離後無初일새 故擧初攝後어니와 若約法性融通인댄 一切因果가 不離心性하나니 契同心性하면 無德不收리라 以一切法이 隨所依性하야 皆於初心에 頓圓滿故니 故梵行品云호대 若諸菩薩이 能與如是觀行으로 相應인댄 於諸法中에 不生二解하야 一切佛法이 疾得現前일새 初發心時에 卽得阿耨多羅三藐三菩提하야 知一切法이 卽心自性하야 成就慧身이 不由他悟라하니 如玄文已明거니와 下當更說하리라

세 번째 삼덕을 개현하였다고 한 아래는 곧 별교일승의 원융한 뜻이니 나머지 종파와는 같지 않는 것이다.
삼덕을 개현하였다고 말한 것은, 곧 초발심공덕품에 처음 발심할 때에 여래의 한 몸에 한량없는 몸을 얻었다고 한 것은 곧 법신을 개현한 것이요
구경의 지혜를 얻으며 일체 지혜의 광명을 얻었다고 한 것은 곧

반야를 개현한 것이요

모든 법에 조금도 얻은 바가 있지 않다고 한 것은 곧 해탈을 개현한 것이다.

마음에 망상과 취착을 떠나 고요하고(寂) 비춤(照)을 함께 유출하기에 그런 까닭으로 이 마음 가운데 삼덕을 섭수하지 아니함이 없나니, 원인이 과보의 바다를 갖추는 것이 아울러 이 초발심에 있는 것이다.

처음 발심할 때에 문득 정각을 이룬다고 한 것은 곧 범행품의 문장이다.

처음과 뒤[151]로 원융하게 한다고 말한 것은 처음은 이 뒤에 즉한 처음이요

뒤는 이 처음에 즉한 뒤이다.

연기의 법이 처음을 떠난 뒤가 없고 뒤를 떠난 처음이 없기에 그런 까닭으로 처음을 들어 뒤를 섭수하였거니와 만약 법싱이 융통힘을 잡는다면 일체 인과가 심성을 떠나지 않나니,

심성에 계합하여 같게 되면 공덕마다 거두지 아니함이 없을 것이다.

일체법이 의지할 바 심성을 따라서 다 초발심에 문득 원만케 하는 까닭이니,

그런 까닭으로 범행품에 말하기를 만약 모든 보살이 능히 이와 같은 관행으로 더불어 상응한다면 모든 법 가운데 두 가지 지해知解를 내지 않아 일체 불법이 빨리 앞에 나타남을 얻을 것이기에, 처음

---

151 여기 초문에서는 初後라 하나, 앞에 소문에서는 前後라 하였다.

발심할 때에 곧 아뇩다라삼먁삼보리를 얻어 일체법이 곧 마음에
자성인 줄 알아 지혜의 몸을 성취하는 것이 다른 이의 깨달음을
인유하지 않는다 하였으니,

『현담』 문장에서 이미 밝힌 것과 같거니와 아래[152]에 마땅히 다시
설하겠다.

---

152 아래라고 한 것은 범행품이다.

經

十方法界普光明藏淸淨眼의 智光明과

시방 법계에 넓은 광명의 창고에 청정한 눈의 지혜 광명과

疏

三은 大智智明이라 法界者는 所照之體大也요 普光明者는 卽相
大也니 智慧光明이며 遍照法界義故라 蘊恒沙性德일새 故名爲
藏이요 妄惑本空일새 故云淸淨이라하니라 明見稱眼이니 見性肉
眼이 卽同佛眼이라

세 번째는 대지大智의 지혜 광명이다.
법계라고 한 것은 비출 바 체대體大요
넓은 광명이라고 한 것은 곧 상대相大이니
지혜 광명의 뜻이며 법계를 두루 비추는 뜻인 까닭이다.
항하사 성덕을 쌓았기에 그런 까닭으로 이름을 창고라 하고,
망혹이 본래 공하였기에 그런 까닭으로 말하기를 청정이라 하였다.
밝게 보는 것을 눈이라 이름하나니
자성을 보면 육안이 곧 불안과 같아지는 것이다.

鈔

三에 大智智明者는 經中淸淨眼은 是總相이니 此眼何見고 見心三大라 疏中囑經호대 唯配二大하고 略無用大하니 用卽智攝故라 從智慧光明이며 遍照法界義故者는 卽暗引起信하야 證普光明으로 爲相大義니 是卽起信의 釋生滅門中에 所顯義內에 雙明體相之文이라 論云호대 復次眞如自體相者는 一切凡夫와 聲聞緣覺과 菩薩諸佛이 無有差別하야 非前際生하고 非後際滅하며 畢竟常住라하니 釋曰上釋體大어니와 今不引之는 以法界爲體니 義易知故라 論云호대 從本已來로 性自滿足一切功德하니 所謂自體에 有大智光明義故며 遍照法界義故며 眞實識知義故며 自性淸淨心義故며 常樂我淨義故며 淸涼不變自在義故라하니 釋曰上之六句는 皆是相大니 一은 本覺智明義요 二는 本覺이 顯照諸法義요 三은 照時無倒義요 四는 體離惑染義요 五는 性德圓備義요 六은 性德無遷義라 今不引後四하고 而引前二에 有智遍照하야 證以普光明으로 爲相大義니 恐人以法界로 爲所照하고 普光明으로 爲能照일새 故引此文의 相大本有는 則皆所照요 以淨眼智明은 爲能照耳라 從蘊恒沙下는 釋經藏字라 具二藏義니 蘊恒沙德은 卽不空藏이요 妄惑本空은 卽是空藏이라 故淸淨言은 向上하야는 屬所觀之藏이요 向下하야는 屬能見之眼이니 無障蓋故라 言見性肉眼이 卽名佛眼者는 卽涅槃第六經云호대 善男子야 聲聞之人은 雖有天眼이나 故名肉眼이요 學大乘者는 雖有肉眼이나 乃名佛眼이니 何以故요 是大乘經은 名爲佛乘이라 如此佛乘은 最上最勝이니 諸佛見性故니라

세 번째 대지의 지혜 광명이라고 한 것은 경문 가운데 청정한 눈이라고 한 것은 이 총상이니

이 눈이 무엇을 보는가.

일심삼대一心三大를 보는 것이다.

소문 가운데 경을 배속하되 오직 이대二大만을 배속하고 용대用大는 생략하고 없나니,

용대는 곧 지혜에 섭속한 까닭이다.

지혜 광명의 뜻이며 법계를 두루 비추는 뜻인 까닭이라고 함을 좇아 아래는 곧 『기신론』을 그윽이 인용하여 넓은 광명으로 상대相大를 삼는 뜻을 증거한 것이니,

이것은 곧 『기신론』의 생멸문 가운데 나타낸 바 의義를 해석하는 안153에 체대와 상대를 함께 밝힌 문장이다.

『기신론』에 말하기를 다시 진여자체상이라고 하는 것은 일체 범부와 성문과 연각과 보살과 모든 부처님이 차별이 없어서 전제에 난 적도 없고 후제에 사라진 적도 없으며 필경에 상주한다 하였으니,

해석하여 말하면 이상은 체대體大를 해석한 것이어니와, 지금에 그것을 인용하지 아니한 것은 법계로써 자체를 삼는 것이니 그 뜻을 쉽게 알 수 있는 까닭이다.

『기신론』에 말하기를 본래로 좇아옴으로 자성이 스스로 일체 공덕을 만족하였나니

---

153 원문에 의대義大라고 한 대大 자는 내內 자의 잘못이다.

말하자면[154] 지체에 큰 지혜 광명의 뜻이 있는 까닭이며,

법계를 두루 비추는 뜻이 있는 까닭이며,

진실한 식識으로 아는 뜻이 있는 까닭이며,

자성청정심의 뜻이 있는 까닭이며,

상·락·아·정의 뜻이 있는 까닭이며,

청량하여 변하지 않고 자재한 뜻이 있는 까닭이다 하였으니,

해석하여 말하면 이상의 여섯 구절은 다 이 상대相大이니

첫 번째는 본각의 지혜가 밝은 뜻이요

두 번째는 본각이 모든 법을 나타내어 비추는 뜻이요

세 번째는 비추는 때가 거꾸러짐이 없는 뜻이요

네 번째는 자체가 미혹과 염오를 떠난 뜻이요

다섯 번째는 성덕을 원만하게 구비한 뜻이요

여섯 번째는 성덕이 천류하지 않는 뜻이다.

지금에는 뒤에 네 구절을 인용하지 않고 앞의 두 구절에 지혜와 변조의 뜻이 있다고 함을 인용하여 넓은 광명으로써 상대相大를 삼는 뜻을 증거한 것이니,

사람들이 법계로써 비출 바(所照)를 삼고 넓은 광명으로 능히 비춤(能照)을 삼을까 염려하기에 그런 까닭으로 이『기신론』의 문장에 상대相大가 본유本有함을 인용한 것[155]은 곧 다 비출 바가 되고

---

154 말하자면(所謂)이라고 한 아래는 진여의 여섯 가지 뜻을 말하고 있다. 고故 자로써 각각 한 가지 뜻을 표하고 있다 하겠다.

155 『기신론』의 문장에 상대相大가 본유本有함을 인용한 것이라고 한 것은 바로 네 줄 앞에 이상의 여섯 구절은 다 상대라 하였다.

이 경에 청정한 눈에 지혜의 광명은 능히 비추는 것이 되는 것이다. 항하사 성덕을 쌓았다고 함으로 좇아 아래는 경에 장藏 자를 해석한 것이다.

이장二藏의 뜻을 갖추었나니

항하사 성덕을 쌓았다고 한 것은 곧 불공여래장이요

망혹이 본래 공하였다고 한 것은 곧 공여래장이다.

그런 까닭으로 청정이라 말한다고 한 것은 위를 향하여는 소관所觀의 넓은 광명장에 속하고

아래를 향하여는 능견能見의 청정한 눈에 속하나니

이장二障과 십개十蓋가 없는 까닭이다.

자성을 보면 육안이 곧 불안과 같아진다고[156] 말한 것은 곧 열반 제육경에 말하기를 선남자야, 성문의 사람은 비록 천안이 있지만 짐짓 이름을 육안이라 하고, 대승을 배우는 사람은 비록 육안이 있지만 이에 이름을 불안이라 하나니

무슨 까닭인가.

이 대승경전은 이름이 불승이다. 이와 같은 불승은 최상이요 최승 이니

모든 부처님이[157] 견성한 까닭이다 하였다.

---

156 원문에 즉명卽名이라 한 명名 자는 동同 자의 잘못이다.

157 모든 부처님이라고 한 등은 바로 위에 최상과 최승이라 한 그 까닭을 해석한 것이니 최승이'니' 吐이다. 역시 『잡화기』의 말이다.

經

觀察一切佛法大願海하는 智光明과

일체 불법에 큰 서원의 바다를 관찰하는 지혜 광명과

疏

四는 大願智明이니 知諸佛法에 願爲本故라

네 번째는 대원의 지혜 광명이니
모든 불법에 서원이 근본이 됨을 아는 까닭이다.

經

入無邊功德海淸淨行하는 智光明과

끝없는 공덕 바다의 청정한 행에 들어가는 지혜 광명과

疏

五는 大行智明이니 無邊果德에 此行入故라

다섯 번째는 대행의 지혜 광명이니
끝없는 과덕에 이 행으로 들어가는 까닭이다.

經

趣向不退轉大力速疾藏하는 智光明과

퇴전하지 않는 큰 힘의 빠른 창고에 취향하는 지혜 광명과

疏

六은 速疾智明이니 謂趣入無生하며 功用不退하는 無功大力이니
一行含多일새 受斯稱也라

여섯 번째는 속질速疾의 지혜 광명이니,
말하자면 무생에 취입하며 공용功用에 퇴전하지 않는 무공용의 큰
힘이니 한 행이 수많은 행을 포함하였기에 이 이름을 받은 것이다.

鈔

無功大力者는 由八地得無功用하야 如乘船入海일새 故云大力速疾
이라하니라 言一行含多者는 先以一身起行이라가 至此八地하야는 以
無量身起行하야 一一行中에 起一切行故니라

무공용의 큰 힘이라고 한 것은 팔지보살이 무공용을 얻음을 인유하
여 배를 타고 바다에 들어가는 것과 같기에 그런 까닭으로 큰 힘의
빠른 창고다 하였다.

한 행이 수많은 행을 포함하였다고 말한 것은 먼저 한 몸으로써 행을 일으키다가 이 팔지에 이르러서는 한량없는 몸으로써 행을 일으켜 낱낱 행 가운데 일체행을 일으키는 까닭이다.

經

法界中에 無量變化力出離輪의 智光明과

법계 가운데 한량없는 변화의 힘으로 벗어나는 삼륜三輪의 지혜
광명과

疏

七은 神通智明이니 三輪幹事에 出離不能이라

일곱 번째는 신통의 지혜 광명이니
삼륜¹⁵⁸으로 사실을 주간함에 능치 못함을 벗어나는 것이다.¹⁵⁹

---

158 삼륜 운운한 것은 삼륜(신통神通과 교계敎誡와 기심記心) 가운데 신통의 일륜을
보통 변화變化라 하지만 여기서는 삼륜을 모두 다 변화로 보았다. 『잡화기』는
오직 신통만 변화라 말하는 것이 아니라 교계, 기심도 또한 다 변화에
속하는 까닭이다 하였다.

159 능치 못함을 벗어난다고 한 것은 이미 삼륜으로 사실을 주간한 까닭으로
사실을 주간함에 능치 못함을 벗어나는 것이다. 회노晦老는 불능'가' 吐로
보았다. 이상은 『잡화기』의 말이다. 『유망기』는 능치 못한 곳을 삼륜으로
사실을 주간하여 벗어난다 하였다. 혹은 벗어남을 능치 못하겠는가로 해석해
도 무방하다.

經

決定入無量功德圓滿海하는 智光明과

한량없는 공덕의 원만한 바다에 결정코 들어가는 지혜 광명과

疏

八은 大福智明이니 照福嚴故라

여덟 번째는 대복의 지혜 광명이니
복덕 장엄을 비추는 까닭이다.

經

了知一切佛決定解로 莊嚴成就海하는 智光明과

일체 부처님이 결정한 지해知解로 장엄하여 성취한 바다를 요달하
여 아는 지혜 광명과

疏

九는 大解智明이니 謂佛勝解力으로 成莊嚴海라

아홉 번째는 대해大解의 지혜 광명이니
말하자면 부처님의 수승한 지해知解의 힘으로 장엄한 바다를 이루는
것이다.

了知法界無邊佛이 現一切衆生前神通海하는 智光明과

법계에 끝없는 부처님이 일체중생 앞에 나타나는 신통의 바다를
요달하여 아는 지혜 광명과

疏

十은 佛用智明이니 普周法界라

열 번째는 불용佛用의 지혜 광명이니
널리 법계에 두루하는 것이다.

經

了知一切佛力과 無所畏法하는 智光明이라

일체 부처님의 힘과 두려운 바가 없는 법을 요달하여 아는 지혜
광명입니다.

疏

十一은 佛德智明이니 降魔制外라 後三佛境일새 故但了知라하고
餘可證知일새 故云得入이라하니라

열한 번째는 불덕佛德의 지혜 광명이니
마군을 항복받고 외도를 제어하는 것이다.
뒤에 세 가지[160]는 부처님의 경계이기에 그런 까닭으로 다만 요달하여
알았다고만 하였고,
나머지는[161] 가히 증득하여 알았기에 얻었다(得)고 말하고 들어갔다

---

160 뒤에 세 가지 운운한 것은 아홉 번째는 요지일체불了知一切佛 운운이라
하고, 열 번째는 요지법계了知法界 운운이라 하고, 열한 번째는 요지일체불
력了知一切佛力 운운이라 하여 다만 요달하여 알았다(了知)고만 하였다는
것이다.

161 나머지는 운운한 것은 나머지 여덟 가지 가운데 첫 번째 소위득일체법所謂得一
切法이라 한 득得 자는 네 번째 관찰일체觀察一切 운운까지 관지貫至하고,
다섯 번째 입무변入無邊이라 한 입入 자는 여덟 번째 결정입무량決定入無量
운운까지 관지貫至한다. 이상은 고래古來의 해석이다.

(入)고만 말한 것이다.

鈔

餘可證知者는 智論三十一云호대 通徹名入이니 入亦證也라 得者는
獲之在己也라하니라

나머지는 가히 증득하여 알았다고 한 것은 『지도론』 삼십일권에
말하기를 통달하여 사무친 것을 이름하여 들어갔다 하나니,
들어갔다는 것은 또한 증득했다는 것이다.
얻었다고(得)한 것은 그것을 얻는 것이 자기에게 있다는 것이다
하였다.

이상의 해석은 청량스님의 운득운입云得云入이라는 말을 상대한 것이지만
미진未盡함이 있다 하겠다. 첫 번째부터 제 네 번째까지 득得 자를 넣어
해석하고, 다섯 번째부터 제 여덟 번째까지 입入 자를 넣어 해석하여 보라.
여의치가 않다. 청량스님의 운득운입云得云入이라 한 말은 총설로써 의역意
譯이라 할 것이다.

經

爾時에 大威光菩薩이 得如是無量智光明已하고 承佛威力하야
而說頌言호대

그때에 대위광 보살이 이와 같이 한량없는 지혜 광명을 얻어 마치
고 부처님의 위신력을 받아 게송을 설하여 말하기를

疏

第三은 以偈讚述이라 文分二別하리니 先因後偈라

제 세 번째는 게송으로써 찬탄하여 진술한 것이다.
문장을 나누어 두 가지로 다르게 해석하리니
먼저는 원인이요
뒤에는 게송이다.

經

我聞佛妙法하고 而得智光明하야
以是見世尊의　往昔所行事이니다

내가 부처님의 묘한 진리를 듣고
지혜의 광명을 얻어
이로써 세존이
지나간 옛날에 행하신 바 일을 봅니다.

疏

偈中分三하리니 初一은 標益體用이라

게송 가운데 세 가지로 분류하리니
처음에 한 게송은 이익의 자체와 작용을 표한 것이다.

經

一切所生處와　名號身差別과
及供養於佛한　如是我咸見하니다

往昔諸佛所에　一切皆承事하며
無量劫修行하야　嚴淨諸刹海하니다

捨施於自身호대　廣大無涯際하며
修治最勝行하야　嚴淨諸刹海하니다

耳鼻頭手足과　及以諸宮殿을
捨之無有量하야　嚴淨諸刹海하니다

能於一一刹에　億劫不思議토록
修習菩提行하야　嚴淨諸刹海하니다

普賢大願力으로　一切佛海中에
修行無量行하야　嚴淨諸刹海하니다

如因日光照하야　還見於日輪인달하야
我以佛智光으로　見佛所行道하니다

일체 태어난 바 처소와
이름과 몸이 차별한 것과
그리고 부처님께 공양한
이와 같은 것을 내가 다 봅니다.

지나간 옛날 모든 부처님의 처소에서
일체 부처님을 다 받들어 섬겼으며
한량없는 세월토록 수행하여
모든 국토의 바다를 장엄하고 청정하게 하였습니다.

자신을 버려 보시하되
광대하고 끝이 없이 하였으며
가장 수승한 행을 닦아 다스려
모든 국토의 바다를 상엄하고 청징하게 하였습니다.

귀와 코와 머리와 손과 발과
그리고 모든 궁전을
한량없이 버려
모든 국토의 바다를 장엄하고 청정하게 하였습니다.

능히 낱낱 국토에
억겁의 사의할 수 없는 세월토록
보리의 행을 닦아 익혀

모든 국토의 바다를 장엄하고 청정하게 하였습니다.

보현의 큰 원력으로
일체 부처님의 바다 가운데
한량없는 행을 수행하여
모든 국토의 바다를 장엄하고 청정하게 하였습니다.

마치 태양의 광명이 비침을 인하여
도리어 태양의 바퀴를 보는 것과 같아서
내가 부처님의 지혜 광명으로써
부처님께서 행하신 바 도를 봅니다.

疏

次八은 顯用所見이니 於中前七은 見因이라

다음에 여덟 게송은 작용의 본 바를 나타낸 것이니
그 가운데 앞에 일곱 게송은 인행因行을 본 것이다.

（經）

我觀佛刹海에　淸淨大光明하니
寂靜證菩提하야　法界悉周遍하니다

내가 부처님의 국토 바다에
청정한 대광명을 관찰하니
고요히 보리를 증득하여
법계에 다 두루하였습니다.

（疏）

後一은 見果라

뒤에 한 게송은 과위果位를 본 것이다.

經

我當如世尊이　廣淨諸刹海하야
以佛威神力으로　修習菩提行하니다

내가 마땅히 세존께서
널리[162] 모든 국토의 바다를 엄정히 하심과 같이
부처님의 위신력으로써
보리의 행을 닦아 익힐 것입니다.

疏

三一偈는 發願思齊니 卽前品初에 修治大願也라

세 번째 한 게송은 서원을 일으켜 생각을 가지런히 한 것이니
곧 전품前品 초[163]에 큰 서원을 닦아 다스렸다고 한 것이다.

---

162 널리란, 영인본 화엄 4책, p.9, 1행에 미진수겁이라 한 것과 같다. 즉 廣劫의
　　뜻이 포함되어 있다.

163 전품前品 초라고 한 것은 영인본 화엄 4책, p.9, 1행의 화장세계품에 여래가
　　지나간 옛날에 저 세계의 바다에 작은 티끌 수만치 많은 세월(劫)토록 보살행
　　을 닦을 때에 낱낱 세월 가운데 세계의 바다에 작은 티끌 수만치 많은
　　부처님을 친근하여 낱낱 부처님의 처소에 세계의 바다에 작은 티끌 수만치
　　많은 큰 서원을 청정하게 닦아 장엄하여 청정하게 한 바라 한 것이다.

經

諸佛子야 時에 大威光菩薩이 以見一切功德山須彌勝雲佛하야
承事供養故로 於如來所에 心得悟了하야

모든 불자여, 그때에 대위광 보살이 일체 공덕산에 수미의 수승한
구름 부처님을 친견하여 받들어 섬기고 공양한 까닭으로 여래의
처소에서 마음에 깨달아 요달함을 얻어서

疏

第四는 傳化衆生이라 文分爲三하리니 初明自悟라

제 네 번째는 중생에게 전하여 교화한 것이다.
문장을 나누어 세 가지로 하리니
처음에는 스스로 깨달은 것을 밝힌 것이다.

經

爲一切世間하야 顯示如來往昔行海하며 顯示往昔菩薩行方便
하며 顯示一切佛功德海하며 顯示普入一切法界하는 淸淨智하
며 顯示一切道場中에 成佛自在力하며 顯示佛力無畏와 無差別
智하며 顯示普示現하는 如來身하며 顯示不可思議佛神變하며
顯示莊嚴無量淸淨佛土하며 顯示普賢菩薩의 所有行願하야

일체 세간을 위하여 여래가 지나간 옛날에 수행한 바다를 현시하며
지나간 옛날에 보살이 행한 방편을 현시하며
일체 부처님의 공덕의 바다를 현시하며
널리 일체법계에 들어가는 청정한 지혜를 현시하며
일체 도량 가운데서 부처를 이룬 자재한 힘을 현시하며
부처님의 힘과 두려움이 없는 것과 차별이 없는 지혜를 현시하며
널리 시현하는 여래의 몸을 현시하며
가히 사의할 수 없는 부처님의 신통변화를 현시하며
장엄된 한량없는 청정한 부처님의 국토를 현시하며
보현보살이 소유한 행원을 현시하여

疏

二에 爲一切下는 明轉悟他하야 顯示十法이니 與前自得十一으로
有同有異니 文並可知라

두 번째 일체 세간을 위한다고 한 아래는 전전히 다른 이를 깨닫게 하려 십법 현시한 것을[164] 밝힌 것이니,

앞에서[165] 대위광 스스로가 십일법을 얻은 것으로 더불어 같은 것도 있고 다른 것도 있나니

문장은 아울러 가히 알 수가 있을 것이다.

經

令如須彌山微塵數衆生으로 發菩提心케하며 佛刹微塵數衆生
으로 成就如來淸淨國土케하니라

수미산에 작은 티끌 수같이 많은 중생으로 하여금 보리심을 일으키
게 하며
부처님의 국토에 작은 티끌 수만치 많은 중생으로 여래의 청정한
국토를 성취하게 하였습니다.

疏

三에 令如須彌山下는 利他之益이라

세 번째 수미산에 작은 티끌 수같이 많은 중생으로 하여금 보리심을
일으키게 한다고 한 아래는 이타의 이익이다.

經

爾時에 一切功德山須彌勝雲佛이 爲大威光菩薩하사 而說頌言
하사대

善哉大威光이여   福藏廣名稱호대
爲利衆生故로   發趣菩提道하니다

汝獲智光明이   法界悉充遍하며
福慧咸廣大하나니   當得深智海하리다

一刹中修行호대   經於刹塵劫하면
如汝見於我인달하야   當獲如是智하리다

그때에 일체 공덕산에 수미의 수승한 구름 부처님이 대위광 보살을
위하여 게송을 설하여 말씀하시기를

착합니다, 대위광이여
복덕의 창고로 널리 이름이 났으되
중생을 이익케 하기 위한 까닭으로
일어나 보리의 길에 나아갔습니다.

그대가 얻은 지혜 광명이

법계에 다 충만하여 두루하며
복덕과 지혜가 다 넓고 크나니
마땅히 깊은 지혜의 바다를 얻을 것입니다.

한 국토 가운데서 수행하되
국토에 티끌 수 세월(劫)을 지나도록 하면
그대가 나를 보는 것과 같아서
마땅히 이와 같은 지혜를 얻을 것입니다.

疏

第五는 如來讚勵라 於中에 偈有十一하니 初三은 讚發心得法이니
大果當成이라

제 다섯 번째는 여래가 찬탄하고 격려하는 것이다.
그 가운데 게송이 열한 가지가 있나니
처음에 세 게송은 발심하여 법을 얻은 것을 찬탄한 것이니
대과大果를 마땅히 이룰 것이다 한 것이다.

經

非諸劣行者는　　能知此方便하고
獲大精進力이라야　乃能淨刹海하리다

一一微塵中에　　無量劫修行한
彼人乃能得　　　莊嚴諸佛刹하리다

爲一一衆生하야　輪迴經劫海라도
其心不疲懈하야사　當成世導師하리다

供養一一佛을　　悉盡未來際라도
心無暫疲厭하야사　當成無上道하리다

모든 하열한 수행자는
능히 이 방편을 알지 못하고
큰 정진의 힘을 얻은 이라야
이에 능히 국토의 바다를 청정하게 할 것입니다.

낱낱 작은 티끌 가운데
한량없는 세월토록 수행한
저런 사람이라야 이에 능히
모든 부처님의 국토를 장엄함을 얻을 것입니다.

낱낱 중생을 위하여
윤회하기를 수 세월의 바다를 지나도록 할지라도
그 마음이 피곤하거나 게으름이 없어야
마땅히 세간에 도사를 이룰 것입니다.

낱낱 부처님에게 공양하기를
모두 미래 세상이 다하도록 할지라도
마음이 잠깐도 피곤하거나 싫어함이 없어야
마땅히 더 이상 없는 도를 이룰 것입니다.

疏

次四는 對劣顯勝이니 進者圓德이라

다음에 네 게송은 하열한 사람을 상대하여 수승한 사람을 나타낸
것이니
정진하는 사람의 원만한 공덕이다.

經

三世一切佛이   當共滿汝願하리니
一切佛會中에   汝身安住彼하리다

一切諸如來의   誓願無有邊하나니
大智通達者라야 能知此方便하리다

삼세에 일체 부처님이
마땅히 함께 그대의 서원을 만족케 하리니
일체 부처님의 회중에
그대의 몸이 그곳에 편안히 머물 것입니다.

일체 모든 여래의
서원이 끝이 없나니
큰 지혜를 통달한 이라야
능히 이 방편을 알 것입니다.

疏

次二는 外加內智라야 決證無疑라

다음에 두 게송은 밖으로 가피와 안으로 지혜라야 결정코 증득함을
의심할 것이 없다는 것이다.

經

大光供養我일새 故獲大威力하야
令塵數衆生으로 成熟向菩提케하리다

諸修普賢行한　大名稱菩薩이
莊嚴佛刹海하야 法界普周遍하니다

대위광 보살이 나에게 공양하였기에
그런 까닭으로 큰 위력을 얻어서
작은 티끌 수만치 많은 중생으로 하여금
성숙케 하여 보리에 나아가게 할 것입니다.

보현의 행을 모두 닦은
크게 이름난 보살이
부처님의 국토 바다를 장엄하여
법계에 널리 두루할 것입니다.

疏

後二는 擧一例餘니 行者卽得이라
初에 逢一切功德山佛은 已竟이라

뒤에 두 게송은 하나[166]를 들어 나머지를 비례한 것이니 수행하는 사람이 곧 얻을 것이다.

처음에 일체 공덕산 부처님을 만난 것은 마친다.

---

166 하나란, 대위광이다.

經

諸佛子야 汝等應知하라 彼大莊嚴劫中에 有恒河沙數小劫하니
人壽命二小劫이라
諸佛子야 彼一切功德須彌勝雲佛은 壽命이 五十億歲니라

모든 불자여, 그대 등은 응당히 알아야 합니다.
저 대장엄 세월 가운데 항하사수의 작은 세월이 있나니
사람의 수명은 두 작은 세월(二小劫)입니다.
모든 불자여, 저 일체 공덕산에 수미의 수승한 구름 부처님은
수명이 오십억 세입니다.

疏

第二는 遇第二佛이라 文分爲二리니 先은 結前生後요 二는 正顯佛
興이라 今初니 謂將說後佛일새 故總論劫壽니 明多小劫者는 欲顯
多佛現故요 說人壽佛壽者는 由佛壽促하고 而人壽長일새 故得
威光이 一生歷事三佛이라

제 두 번째는 제 두 번째 부처님을 만난 것이다.
문장을 나누어 두 가지로 하리니
먼저는 앞의 말을 맺고 뒤의 말을 생기한 것이요
두 번째는 바로 부처님이 출흥하심을 나타낸 것이다.
지금은 처음으로 말하자면 장차 뒤의 부처님을 설하려 하기에 그런

까닭으로 세월과 수명을 한꺼번에 거론한 것이니

수많은 작은 세월을 밝힌 것은 많은 부처님이 출흥하심을 나타내고
자 한 까닭이요

사람의 수명과 부처님의 수명을 말한 것은 부처님의 수명은 다
되어 짧고 사람의 수명은 아직 깊을[167] 인유하기에 그런 까닭으로
대위광 보살이 일생에 세 부처님을 지나면서 섬김을 얻은 것이다.

---

[167] 불수촉佛壽促이란 五十億 부처님의 수명이 다 되어 얼마 남지 않았기에
짧다는 것이요, 인수장人壽長이란 사람의 수명은 二小劫으로 부처님보다
짧지만 태어난 지가 얼마 되지 않아 아직 많이 남았기에 길다는 것이다.

經

彼佛滅度後에 有佛出世하니 名波羅蜜善眼莊嚴王이라 亦於彼
摩尼華枝輪大林中에 而成正覺하샸거늘

저 부처님이 멸도하신 뒤에 부처님이 세상에 출흥하심이 있었나니
이름이 바라밀의 좋은 눈으로 장엄한 왕입니다.
또한[168] 저 마니 꽃 가지 바퀴 큰 숲 가운데서 정각을 이루셨거늘

疏

二에 彼佛滅下는 正顯佛興이라 文分爲五리니 一은 明滅後佛興이
요 二는 觀相獲益이요 三은 讚德勸詣요 四는 眷屬同歸요 五는
聞經悟入이니 今初也라 此中佛名은 謂智導萬行일새 皆到彼岸이
라하며 見性了了일새 故名善眼이라하며 果由因飾일새 是曰莊嚴이
라하니라

두 번째 저 부처님이 멸도하신 뒤라고 한 아래는 바로[169] 부처님이
출흥하심을 나타낸 것이다.
문장을 나누어 다섯 가지로 하리니
첫 번째는 멸도하신 뒤에 부처님이 출흥하신 것을 밝힌 것이요

---

168 역亦이라고 한 것은 앞에 영인본 화엄 4책, p.249, 4행에서도 이 숲에서
    정각을 이루었다 하였기에 또(亦)라는 말이 있는 것이다.
169 下 자 아래에 正 자가 있어야 한다.

두 번째는 부처님의 모습을 보고 이익을 얻은 것이요

세 번째는 부처님의 공덕을 찬탄하여 나아가기를 권한 것이요

네 번째는 권속들이 다 같이 귀의한 것이요

다섯 번째는 경을 듣고 깨달아 들어가는 것이니

지금은 처음이다.

이 가운데 부처님의 이름은 말하자면 지혜로 만행을 인도하기에 다 도피안(波羅密)이라 하였으며

성품을 보아 분명하기에 그런 까닭으로 이름을 좋은 눈(善眼)이라 하였으며

과보는 원인을 인유하여 꾸미기에 이에 말하기를 장엄이라 하였다.

經

爾時에 大威光童子가 見彼如來가 成等正覺하야 現神通力하고

그때에 대위광 동자가 저 여래가 등정각을 성취하여 신통력을
나타내심을 보고

疏

二에 爾時下는 威光이 觀相獲益이라 於中二니 先은 觀相이니 卽獲
益之由也라

두 번째 그때라고 한 아래는 대위광이 여래의 모습을 보고 이익을
얻은 것이다.
그 가운데 두 가지가 있나니
먼저는 여래의 모습을 본 것이니
곧 이익을 얻은 이유이다.

經

卽得念佛三昧하니 名無邊海藏門이요

곧 염불삼매를 얻었으니 이름이 끝없는 바다에 창고 문이요

疏

二에 卽得下는 正獲益也니 先列後結이라 列有十種하니 一에 念佛
三昧者는 菩薩之父일새 故首明之니 乃至十地도 不離念佛이라

두 번째 곧 염불삼매를 얻었다고 한 아래는 바로 이익을 얻은 것이니
먼저는 열거한 것이요
뒤에는 맺는 것[170]이다.
열거함에 열 가지가 있나니
첫 번째 염불삼매는 보살의 아버지이기에 그런 까닭으로 처음에
밝혔나니 내지 십지도 염불을 떠나지 아니하였다.

鈔

菩薩之父者는 卽智論文이라 論云호대 菩薩은 以般若波羅蜜로 爲母
하고 般舟三昧로 爲父라하니 般舟卽念佛이라 此翻하면 爲佛立三昧
니 良以念佛이 卽眞涉事하야 與方便同일새 故得稱父요 又念佛成佛

---

170 뒤에는 맺는 것이라고 한 것은 영인본 화엄 4책, p.297, 7행이다.

이 是親種故라 言乃至十地도 不離念佛者는 十地之中에 皆云호대
一切所作이 不離念佛念法念僧等이라하니라

보살의 아버지라고 한 것은 곧 『지도론』 문장이다.
『지도론』에 말하기를 보살은 반야바라밀로써 어머니를 삼고, 반주
삼매로써 아버지를 삼는다 하였으니
반주가 곧 염불이다.
여기에서 번역하면 불입삼매佛立三昧가 되나니,
진실로 염불이 진리(眞)에 즉해 사실(事)을 관계(涉)하여[171] 방편으
로 더불어[172] 같기에 그런 까닭으로 아버지라 부름을 얻는 것이요
또 염불로 부처를 이루는 것이 이 친종親種인 까닭이다.

내지 십지도 염불을 떠나지 아니하였다고 말한 것은 십지 가운
데 다 말하기를 일체 소작이 염불과 염법과 염승을 떠나지 아니하였
다고 한 등이라 하였다.

疏

無邊海藏門者는 蘊積名藏이요 深廣稱海라 然이나 略有三義하니

[171] 진리에 즉하여 사실을 관계한다고 한 것은, 『잡화기』에 진리를 의지한즉
따로 가히 염불할 것이 없지만 그러나 사실을 잡은즉 가히 염불하지 아니할
수 없는 까닭이다 하였다. 涉은 관계할 섭, 간섭할 섭 자이다.
[172] 방편으로 더불어라고 한 등은 『정명경』에 방편으로써 보살의 아버지를
삼는 까닭이다 하였나니 이것은 『잡화기』의 말이다.

一은 由此定中하야 見多佛故니 下文云호대 以佛爲境界하야 專念
而不捨인댄 是人得見佛이 其量與心等이라하니 由念能見일새 所
以稱門이라 二는 一一佛德이 是無邊海藏이니 由念能知일새 所以
稱門이라 云何無邊海고 劫海所修일새 有行願海요 成就色身일새
有相好海요 成就智身일새 有辯才海요 建立念處일새 有名號海요
修諸助道일새 有功德海요 安立衆生일새 有淨刹海니 如是諸海가
一一無邊하야 各各出生하고 蘊積名藏이라 三은 無邊勝德이 由念
佛生이니 故此一門이 深廣蘊積이라 何者고 念佛性身하면 則契如
理하고 念功德身하면 成無邊德하고 念相好身하면 證無邊相하야
障無不滅하며 德無不生이라 一言蔽諸하면 總由念佛이요 從此通
悟일새 所以稱門이니 卽此一門은 說不可盡이라

끝없는 바다에 창고 문이라고 한 것은 쌓아 모으는 것을 창고라
이름하고, 깊고 넓은 것을 바다라 이름하는 것이다.
그러나 간략하게 세 가지 뜻이 있나니[173]
첫 번째는 이 염불삼매 가운데를 인유하여 수많은 부처님을 보는

---

173 간략하게 세 가지 뜻이 있다고 한 것은 곧 끝이 없는 바다(무변해장문)에
세 가지 뜻이니, 『잡화기』에 말하기를 처음에는 수많은 부처님을 잡은 까닭으
로 끝이 없다 말하고, 다음에는 한 부처님에 스스로 수많은 공덕이 있음을
잡은 까닭으로 끝이 없다 말하는 것이니, 이 위에 두 가지 뜻은 아울러
염불하는 바 경계에 나아가 말한 것이나 그러나 사람(부처님)과 공덕(부처님의
공덕)이 다름이 있는 것이다. 뒤에는 능히 염불하는 법에 생기는 바 공덕을
잡은 것이다 하였다.

까닭이니,

아래 경문에[174] 말하기를

부처님으로써 경계를 삼아

오로지 부처님만을 생각하고 버리지 않는다면

이 사람은 부처님을 봄을 얻는 것이

그 양이 마음으로 더불어 같을 것이다 하였으니,

부처님을 생각함을 인유하여 능히 보기에 그런 까닭으로 문이라

이름하는 것이다.

두 번째는 낱낱 부처님의 공덕이 이 끝없는 바다에 창고이니,

부처님을 생각함을 인유하여 능히 알기에 그런 까닭으로 문이라

이름하는 것이다.

어떤 것이 끝없는 바다인가.

겁해劫海토록 닦은 바이기에 행원의 바다가 있고

색신을 성취하였기에 상호의 바다가 있고

지혜의 몸을 성취하였기에 변재의 바다가 있고

염불할 처소를 건립하였기에 명호의 바다가 있고

모든 도를 돕는 법을 닦았기에 공덕의 바다가 있고

중생을 편안히 거처하게 하였기에 청정한 세계의 바다가 있나니

이와 같은 모든 바다가 낱낱이 끝이 없어서 각각 출생하고 쌓아

모으기에 창고라 이름하는 것이다.

---

174 아래 경문이란, 도솔천궁게찬품에 이구당 보살 게송이다.

세 번째는 끝없는 수승한 공덕이 염불함을 인유하여 생기나니,
그런 까닭으로 이 한 문이 깊고 넓어 쌓아 모으는 것이다.
무엇 때문인가.
불성의 몸을 생각하면 곧 여리如理에 계합하고, 공덕의 몸을 생각하
면 끝없는 공덕을 성취하고, 상호의 몸을 생각하면 끝없는 모습을
증득하여 장애가 사라지지 아니함이 없으며 공덕이 생기지 아니함이
없는 때문이다.
한마디로 덮는다[175]면 모두 염불함을 인유한 것이요 이 염불을 좇아
모두 깨닫기에 그런 까닭으로 문이라 이름하는 것이니
곧 이 한 문門은 말로 다할 수 없는 것이다.

鈔

障無不滅下는 結歎이라 故賢護經中에 廣列諸德하고 以徵其因하니
佛答호대 皆從念佛而生이라하니라 一言蔽諸者는 卽論語에 子曰호대
詩三百을 一言以蔽之하면 曰思無邪라하니 謂歸於正也라 念一佛號
가 亦名一言이니 直取一言인댄 只一佛字라 故自四祖로 禪要를 唯稱
佛言耳니라

장애가 사라지지 아니함이 없다고 한 아래는 찬탄함을 맺는 것이다.
그런 까닭으로 『현호경賢護經』 가운데 널리 모든 공덕을 열거하고
그 원인을 물으니,[176]

---

175 폐蔽 자는 오히려 개蓋 자라 할 것이다.

부처님이 답하여 말씀하시기를 다 부처님을 생각함으로 좇아 생긴다 하였다.

한마디로 덮는다고 한 것은 곧 『논어』에 공자가 말하기를 시 삼백수를[177] 한마디로 덮어서 말한다면 생각에 삿됨이 없다[178] 말할 것이다 하였으니

말하자면 정념에 돌아간 것이다.

한 부처님의 명호를 생각하는 것이 또한 이름이 한마디(一言)이니 바로 한마디로 취한다면 다만 한 불佛 자뿐이다.

그런 까닭으로 사조四祖로부터[179] 선의 요체를 오직 부처라는 말로써 이름하였을 뿐이다.

---

176 그 원인을 물었다고 한 것은 현호가 그 원인을 물은 것이다. 『현호경』은 『대방등대집경』 현호분分을 말한다.

177 시 삼백수라고 한 것은, 주자가 말하기를 시 삼백일십 편이거늘 삼백이라고만 말한 것은 대수를 들어 말한 것이다. 폐蔽는 오히려 개蓋라 할 것이다. 『잡화기』의 말이다.

178 생각에 삿됨이 없다(思無邪)고 한 것은 『모시毛詩』(즉 『시경』)에 노송魯頌의 경편駉篇의 말이니, 이 시의 본래 뜻은 노희공魯僖(喜)公의 목마가 굳센 것이 그 심사心思가 바름을 인유한 때문이다 하였다. 역시 『잡화기』의 말이다. 생각에 삿됨이 없다고 한 것은 자전에는 마음에 사邪가 없다 하였고, 한글사전에는 마음이 올바르다 하였다.

179 사조로부터라고 한 등은, 말하자면 사조부터 이후로 그 저술한 바 선의 요체에 다 다만 부처라고 말할 뿐 갖추어 이름을 거론한 것이 없다. 역시 『잡화기』의 말이다.

經

卽得陀羅尼하니 **名大智力法淵**이요

곧 다라니를 얻었으니 이름이 큰 지혜 힘 진리의 연못이요

疏

二는 總持大智로 能達深法이라

두 번째는 다라니의 큰 지혜로 능히 깊은 진리를 통달하는 것이다.

經

卽得大慈하니 名普隨衆生하야 調伏度脫이요

곧 대자大慈를 얻었으니 이름이 널리 중생을 따라 조복하여 제도해 해탈케 하는 것이요

疏

三은 無緣普應이라

세 번째는 무연자비로 널리 중생에게 응하는 것이다.

經

卽得大悲하니 **名遍覆一切境界雲**이요

곧 대비大悲를 얻었으니 이름이 널리 일체 경계를 두루 덮어주는 구름이요

疏

四는 **等除熱惱**라

네 번째는 평등하게 열뇌를 제멸하여 주는 것이다.

經

卽得大喜하니 名一切佛功德海威力藏이요

곧 대희大喜를 얻었으니 이름이 일체 부처님의 공덕의 바다에
위력의 창고요

疏

五는佛深德海에 蘊積力用이니 菩薩緣此하야 喜遍身心이라

다섯 번째는 부처님의 깊은 공덕의 바다에 위신력의 작용을 쌓아
모은 것이니
보살이 이것을 인연하여 기쁨이 몸과 마음에 두루하는 것이다.

經

卽得大捨하니 名法性虛空平等淸淨이요

곧 대사大捨를 얻었으니 이름이 법성의 허공이 평등하고 청정한
것이요

疏

六은 悲則心慼하고 喜便浮動거니와 深契法性하면 則曠若虛空하
야 悲喜兩亡일새 爲平等淸淨이라

여섯 번째는 슬퍼하면 곧 마음이 근심하고 기뻐하면 문득 들떠
움직이거니와, 깊이 법성에 계합하면 곧 넓기가 허공과 같아서
슬프고 기쁨을 둘 다 잊기에 평등하고 청정하게 되는 것이다.

經

即得般若波羅蜜하니 名自性離垢하야 法界淸淨身이요

곧 반야바라밀을 얻었으니 이름이 자성이 때를 떠나[180] 법계가
청정한 몸[181]이요

疏

七에 般若者는 覺法實性하야 離分別也라 有可離者면 非眞離也요
知自性離하야사 不復離也니 無離之離가 卽眞法界니라 眞法界者
는 本來淸淨이니 法界淸淨하면 卽般若淸淨하고 般若淸淨하면 則
萬法本淨이라 萬法淨者는 無淨無不淨이니 爲眞淨也라 實相般
若는 爲萬法之體요 觀照冥此하야 衆德攸依일새 故云身也라하니라

일곱 번째 반야바라밀은 법의 실성을 깨달아 분별을 떠난 것이다.[182]

---

180 자성이 때를 떠났다고 한 것은 자성이 떠났다면 곧 성정性淨이니 실상반야實
相般若요, 때를 떠났다면 곧 상정相淨이니 관조반야觀照般若이다. 이상은
『잡화기』의 말이다.

181 청정한 몸이라고 한 것은 이정二淨의 모습을 떠나면 바야흐로 진실로 청정한
몸이라 이름하는 것이다. 『잡화기』의 말이다.

182 분별을 떠난 것이라고 한 것은 위를 향하여 말하면 뜻을 잡아 통석한 까닭이고,
아래를 향하여 말하면 문장을 의거하여 결정한 까닭이다. 어떤 사람이
말하기를 위를 향한즉 실성'의' 吐이고, 아래를 향한즉 실성'하야 吐라 하니
그 허물이 매우 심하다 하겠다. 이상은 역시 『잡화기』의 말이다.

가히 떠날 것이 있다면 진실로 떠난 것이 아니요, 자성이 떠난
줄 알아야 다시는 떠날 것이 없는 것이니

떠날 것이 없다는 것조차 떠난 것이 곧 진법계이다.

진법계라고 한 것은 본래 청정한 것이니

법계가 청정하면 곧 반야가 청정하고 반야가 청정하면 곧 만법이
본래로 청정한 것이다.

만법이 본래로 청정하다고 한 것은 청정함도 없고 청정하지 아니함
도 없는 것이니 진실로 청정함이 되는 것이다.

실상반야는 만법의 자체가 되고 관조반야는 여기에 명합하여 수많
은 공덕을 의지하는 바이기에 그런 까닭으로 말하기를 몸이라 한
것이다.

鈔

覺法實性하야 離分別也者는 此總釋一門이요 亦當別釋自性離垢之
言이니 卽大般若曼殊室利分中에 慈氏菩薩云호대 若諸菩薩이 聞是
甚深般若하고 心不沈沒하면 已近無上正等菩提니라 何以故요 是諸
菩薩이 現覺法性하야 離一切分別이 如大菩提故라하니라 今此般若
도 亦覺法自性하야 名自性離라하니 離字兩向하대 向上屬自性離하
고 向下屬離垢하니 卽離分別之垢也니라 從有可離下는 別釋經文하
야 成上總釋이라 有可離者면 非眞離也는 反釋初句하야 成上性離요
知自性離하야사 不復離也者는 順釋初句하야 成上離分別言이라 不
知性離하야 謂有可離인댄 卽是分別이어니와 今知性離하야 知相卽

寂일새 故無分別이니라 無離之離者는 卽躡上釋下法界言也니라 正
同起信에 所言覺者는 謂心體離念이니 離念相者는 等虛空界하야 無
所不遍이라 法界一相이니 卽是如來平等法身이라하니 法身卽眞法
界니라 本來淸淨者는 躡上法界하야 釋淸淨言이니 旣自性離가 是眞
法界인댄 則本自淨이라 非觀令淨이며 非去垢淨이니 是故經云호대
法界淸淨이라하니라 法界淸淨者는 卽以上義으로 成此般若가 得淸
淨名이라 此有二意하니 一은 由體法界하야 方成般若일새 故此般若
가 受法界淸淨之名이요 二者는 性無二故라 故大般若難信解分云호
대 復次善現아 般若波羅蜜多淸淨故로 色淸淨하고 色淸淨故로 一切
智智淸淨하니라 何以故요 若般若波羅蜜多淸淨하며 若色淸淨하며
若一切智智淸淨인댄 無二無二分하며 無別無斷故로 名無二性이라
하니라

법의 실성을 깨달아 분별을 떠났다고 한 것은 이것은 한 문(一門)[183]을
한꺼번에 해석한 것이요 또한 마땅히 자성이 때를 떠났다는 말을
따로 해석한 것이니,
곧 『대품반야경』 만수실리분 가운데 미륵보살이 말하기를 만약
모든 보살이 이 깊고도 깊은 반야를 듣고 마음이 침몰하지 아니하면
이미 무상정등보리에 근접한 것이다.
무슨 까닭인가.
이 모든 보살이 현재 법의 실성을 깨달아 일체 분별을 떠난 것이

---

183 한 문(一門)이란, 일곱 번째 반야바라밀문門이다.

대보리와 같은 까닭이다 하였다.

지금에 이 반야도 또한 법의 자성을 깨달아 이름을 자성이 떠났다(自性離) 하였으니,

이離 자가 두 곳으로 향하되 위로 향하여서는 자성이 떠났다(自性離)고 함에 속하고,

아래로 향하여서는 때를 떠났다(離垢)고 함에 속하나니

곧 분별의 때를 떠났다는 것이다.

가히 떠날 것이 있다면이라고 한 것을 좇아 아래는 경문을 따로 해석하여 위에 한꺼번에 해석한 것[184]을 성립한 것이다.

가히 떠날 것이 있다면 진실로 떠난 것이 아니라고 한 것은 처음 구절을 반대로 해석하여 위에 자성이 떠났다고 한 것을 성립한 것이요

자성이 떠난 줄 알아야 다시는 떠날 것이 없는 것이라고 한 것은 처음 구절을 순리대로 해석하여 위에 분별을 떠났다고 한 말을 성립한 것이다.

자성이 떠난 줄 알지 못하여 가히 떠날 것이 있다고 말한다면 곧 이것은 분별이 있는 것이거니와 지금에는 자성이 떠난 줄 알아 안다는 모습마저 곧 고요하기에 그런 까닭으로 분별이 없는 것이다.

떠날 것이 없다는 것조차 떠난 것이라고 한 것은 곧 위에 때를

---

184 위에 한꺼번에 해석한 것이라고 한 것은 곧 법의 실성을 깨달아 분별을 떠났다고 한 것이다.

떠났다는 말을 밟아 아래 법계라는 말을 해석한 것이다
바로 『기신론』에 말한 바 각覺이라고 한 것은 말하자면 심체가
생각을 떠난 것이니,
생각을 떠난 모습은 허공계와 같아 두루하지 않는 바가 없는 것이다.
법계는 한 모습이니 곧 이것은 여래의 평등한 법신이라고 한 것과
같나니
법신이 곧 진법계이다.

본래 청정하다고 한 것은 위에 법계라는 말을 밟아 청정하다는
말을 해석한 것이니,
이미 자성이 떠난 것이 이 진법계라 하였다면 곧 본래 스스로 청정한
것이다 관찰하여 하여금 청정케 한 것이 아니며 때를 보내어 청정케
한 것이 아니니,
이런 까닭으로 경에 말하기를 법계가 청정하다 한 것이다.
법계가 청정하다고 한 것은 곧 이상의 뜻으로써 이 반야가 청정하다
는 이름을 얻은 것을 성립한 것이다.
여기에 두 가지 뜻이 있나니
첫 번째는 법계를 체달하여 바야흐로 반야를 이룸을 인유하기에
그런 까닭으로 이 반야가 법계가 청정하다는 이름을 받는 것이요
두 번째는 자성이 둘이 없는 까닭이다.
그런 까닭으로 『대품반야경』 난신해분難信解分에 말하기를 다시
선현아, 반야바라밀다가 청정한 까닭으로 색色이 청정하고, 색이
청정한 까닭으로 일체 지혜의 지혜가 청정한 것이다.

무슨 까닭인가.

만약 반야바라밀다가 청정하며 만약 색이 청정하며 만약 일체 지혜의 지혜가 청정하다면 둘이 없어 둘로 나눌 수 없으며,[185] 다름이 없어 끊을 수 없는 까닭으로 이름을 두 자성이 없다 하였다.

般若淸淨者는 亦有二義하니 一은 以般若가 照一切法하야 知本淨故요 二者는 亦是性無二故니 義同上引하니라 般若淸淨하면 則色淸淨이라하시고 遍歷諸法하야 略擧八十餘科하니 謂五蘊과 十二入과 十八界와 四諦十二緣과 六波羅蜜과 乃至菩提涅槃을 皆如色說하고 故萬法本淨이라하니라 萬法淨者下는 拂其淨相이라 夫言淨者는 顯法本無生하야 性寂諸相일새 故名爲淨이언정 豈待蕩蕩無物하야 方稱淨耶아 非但事無라도 而爲眞淨이라 見眞本淨하고 事爲非淨이라도 亦是相待라 能所未忘거니 安得稱淨이리요 故眞善知識이 令看淨門云호대 性本淸淨하니 淨無淨相하야사 乃見我心이라하니 卽斯義矣니라 故淨名云호대 垢淨爲二니 見垢實性하면 則無淨相이요 離於見相하면 是爲入不二法門也라하며 下經云호대 若有見正覺하야 解脫離諸

---

185 둘이 없어 둘로 나눌 수 없다고 한 등은 진리는 하나인 까닭으로 가히 둘로 나눌 수 없다는 것이요 다름이 없어 끊을 수 없다고 한 것은 진리는 같은 까닭으로 가히 끊을 수 없다는 것이니, 진리는 하나라고 한 것은 둘이 없다는 것(無二)이요 가히 둘로 나눌 수 없다고 한 것은 둘로 나눌 수 없다(無二分)는 것이다. 진리는 같다고 한 것은 다름이 없다는 것(無別)이요 가히 끊을 수 없다고 한 것은 끊을 수 없다는 것이니, 그 뜻은 서자권暑字卷 하권 14장을 볼 것이다. 이상은 다 『잡화기』의 말이다.

漏하야 不著一切世인댄 彼非正道眼이라 若有知如來의 體相無所有하야 修習得明了인댄 是人疾作佛이라하니라 實相般若下는 釋經身字라 身有三義하니 謂體依聚義라 今實相般若는 則法身之體요 觀照般若는 同報身之依요 化身名聚니 淺故不說이라 則眷屬般若도 亦得名身이니 同聚義故니라

반야가 청정하다고 한 것은 또한 두 가지 뜻이 있나니
첫 번째는 반야가 일체법을 비추어 본래 청정한 줄 아는 까닭이요
두 번째는 역시 자성이 둘이 없는 까닭이니 뜻이 위에서 인용한 것[186]과 같다.
반야가 청정하면 곧 색이 청정하다 하시고 모든 법을 두루 밝혀 간략하게 팔십여과를 들었으니,
말하자면 오온과 십이입과 십팔계와 사제와 십이인연과 육바라밀과 내지 보리와 열반을 다 색과 같이 설하고[187] 그런 까닭으로 만법이 본래로 청정하다 하였다.

만법이 본래로 청정하다고 한 아래는 그 청정한 모습도 떨쳐버리는 것이다.
대서 청정하다고 말한 것은 법이 본래 난 적이 없어서 자성에는

---

186 위에서 인용한 것이란, 영인본 화엄 4책, p.294 말행에 두 번째는 자성이 둘이 없는 까닭이라 한 것이다.

187 다 색과 같이 설한다고 한 것은 오온에 색이니 반야가 청정한 까닭으로 색이 청정하고 색이 청정한 까닭이라 한 것이다.

모든 모습이 적멸함을 나타내기에 그런 까닭으로 이름을 청정하다고
하였을지언정 어찌 탕탕하여 한 물건도 없음을 기다려 바야흐로
청정하다 이름하겠는가.[188]

다만 한 사물도 없을지라도 진정한 청정함이 되지 아니할 뿐만
아니라 진법계가 본래 청정하고 현상계가 청정하지 아니한 줄[189]
본다 할지라도 또한 상대相待일 뿐 능能·소所를 잊지 못한 것이거니
어찌 청정하다 이름함을 얻겠는가.

그런 까닭으로 진정한 선지식이 하여금 청정한 문을 보게 하여
말하기를 자성은 본래 청정하나니 청정하되 청정한 모습조차 없어야
바야흐로 나의 마음을 본다 하였으니
곧 이 뜻이다.

그런 까닭으로 『정명경』에 말하기를 더럽고 깨끗한 것이 둘이 되
나니
더러움의 진실한 자성을 보면 곧 깨끗한 모습조차 없을 것이요,
보는 모습마저 떠나버리면 이것이 불이법문에 들어간 것이다 하였

---

188 법이 본래 난 적이 없다고 한 것으로부터 청정하다고 한 것에 이르기까지는
   청정하지 못한 것을 떨쳐버리는 것이고, 어찌 탕탕하여라고 한 것으로부터
   청정하다 이름하겠는가 한 것에 이르기까지는 청정함을 떨쳐버리는 것이니
   이것은 모든 법에 나아가 떨쳐버리는 것이다고 『잡화기』는 말한다.
189 다만 한 사물이라고 한 아래는 『잡화기』에 말하기를 모든 법과 진여를
   함께 잡아 떨쳐 버리는 것이니, 진법계가 본래 청정하다고 한 구절은 진여를
   잡은 것이고, 현상계(事)가 청정하지 않다고 한 구절은 모든 법을 잡은
   것이다 하였다.

으며

아래 경에¹⁹⁰ 말하기를

만약 어떤 사람이 바로 깨달아

해탈하여 모든 번뇌의 흐름을 떠날 것을 보아

일체 세간에 집착하지 않으려 한다면

저 사람은 바른 도안道眼이 아니다.

만약 어떤 사람이 여래의

자체 모습이 있는 바가 없는 줄 알아

수습하여 분명하게 앎을 얻는다면

이 사람은 빨리 부처를 이룰 것이다 하였다.

실상반야라고 한 아래는 경에 신身 자를 해석한 것이다.

몸에 세 가지 뜻이 있나니

말하자면 체體와 의依와 취聚의 뜻이다.

지금에 실상반야는¹⁹¹ 곧 법신의 자체요,

관조반야는 다 보신의 의지처요,

화신은 이름이 취聚니

---

190 아래 경이란, 광명각품에 문수보살의 게송으로 이어지는 두 게송이다.

191 지금에 실상반야 운운은 오반야五般若 가운데 하나이니 오반야를 구분하여
   분석하면 실상반야는 법신자체-지혜자체이고, 관조반야는 보신의지처-
   지혜모습이고, 문자반야는 일체경교-지혜작용이고, 경계반야는 지혜의
   반연-일체제법이고, 권속반야는 지혜권속-사가행四加行이다.

뜻이 얕은 까닭으로 설하지 아니하였다.

곧 권속반야도 또한 몸이라고 이름함을 얻나니

다 취취聚의 뜻인 까닭이다.

經

卽得神通하니 名無礙光普隨現이요

곧 신통을 얻었으니 이름이 걸림 없는 광명이 널리 따라 나타나는 것이요

疏

八은 通用智俱일새 故無礙隨現이라

여덟 번째는 신통의 작용이 지혜와 함께하기에[192] 그런 까닭으로 걸림 없이 따라 나타나는 것이다.

---

192 원문에 통용지구通用智俱라고 한 것은 『잡화기』에 신통의 작용이 지혜와 함께 한다 하였으니, 여기 소문에 해석한 것과 같다 하겠다.

經

卽得辯才하니 名善入離垢淵이요

곧 변재를 얻었으니 이름이 잘 들어가 때를 떠나는 못이요

疏

九는 入法之深하야 離說之垢라

아홉 번째는 진리의 깊은 곳에 들어가 언설의 때를 떠나는 것이다.

經

即得智光하니 名一切佛法淸淨藏이라

곧 지혜의 광명을 얻었으니 이름이 일체 불법의 청정한 창고입니다.

疏

十은 智照佛法하야 淨所知障하고 含藏衆德이라

열 번째는 지혜로 불법을 비추어 소지장을 청정케 하고 수많은 공덕을 함장하는 것이다.

經

如是等十千法門을 皆得通達하니라

이와 같은 등 십천법문을 다 통달함을 얻었습니다.

疏

二에 如是下는 結이라 於中에 明歷事增進이니 故云十千이라하니라 通達之言은 釋前卽得이라

두 번째 이와 같은 등이라고 한 아래는 맺는 것이다.
그 가운데 역참하여 섬기면서 더욱 앞으로 나아감을 밝힌 것이니
그런 까닭으로 말하기를 십천이라 하였다.
통달이라고 한 말은 앞에 곧 얻었으니[193]라고 한 밀을 해석한 것이다.

---

193 원문에 전즉득前卽得이라고 한 것은 차십단此十段이 모두 즉득卽得이라는 말이 있다.

經

爾時에 大威光童子가 承佛威力하야 爲諸眷屬하야 而說頌言
호대

不可思議億劫中에　導世明師難一遇어늘
此土衆生多善利하야 而今得見第二佛하니다

그때에 대위광 동자가 부처님의 위신력을 받아 모든 권속을 위하여
게송을 설하여 말하기를

사의할 수 없는 억세월 가운데
세상을 인도하는 밝은 스승 한 분도 만나기 어렵거늘
이 국토에 중생들은 선근 이익이 많아
지금 제 두 번째 부처님을 친견함을 얻었습니다.

疏

第三에 爾時下는 讚德勸詣라 文分爲二러니 初는 說偈요 後는 偈益
이라 偈中分三하리니 初一偈는 歎希慶遇라

제 세 번째 그때에 대위광 동자라고 한 아래는 부처님의 공덕을
찬탄하여 나아가기를 권하는 것이다.
문장을 나누어 두 가지로 하리니

처음에는 게송을 설한 것이요

뒤에는 게송을 듣고 이익을 얻은 것이다.

게송 가운데 세 가지로 분류하리니

처음에 한 게송은 희유하다 찬탄하고 만난 것을 경사롭게 여긴

것이다.

經

佛身普放大光明에　　色相無邊極淸淨하나니
如雲充滿一切土하야　　處處稱揚佛功德하니다

光明所照咸歡喜하고　　衆生有苦悉除滅하야
各令恭敬起慈心케하나니 此是如來自在用이니다

出不思議變化雲하고　　放無量色光明網하야
十方國土皆充滿케하나니 此佛神通之所現이니다

부처님의 몸이 널리 큰 광명을 놓음에
색상이 끝이 없고 지극히 청정하나니
마치 구름이 일체 국토에 충만함과 같아서
곳곳에서 부처님의 공덕을 칭양합니다.

광명이 비치는 곳에 다 환희하고
중생이 고통이 있음에 다 제멸하여
각각 하여금 공경하고 자비심을 일으키게 하나니
이것은 이 여래의 자재한 작용입니다.

사의할 수 없는 변화의 구름을 출생하고
한량없는 색상 광명의 그물을 놓아서

시방의 국토에 다 충만케 하나니
이것은 부처님의 신통으로 나타내신 바입니다.

疏

二에 有七偈는 歎佛勝德이라 於中三이니 初三은 身業이라

두 번째 일곱 게송이 있는 것은 부처님의 수승한 공덕을 찬탄한
것이다.
그 가운데 세 가지가 있나니
처음에 세 게송은 신업身業이다.

經

一一毛孔現光雲하고　普遍虛空發大音하야
所有幽冥靡不照하야　地獄衆苦咸令滅케하니다

如來妙音遍十方하사　一切言音咸具演하대
隨諸衆生宿善力하나니　此是大師神變用이니다

無量無邊大海衆에　佛於其中皆出現하사
普轉無盡妙法輪하야　調伏一切諸衆生하니다

낱낱 털구멍에 광명의 구름을 나타내고
널리 온 허공에 큰 음성을 일으켜
있는 바 유명계幽冥界에 비추지 아니함이 없어서
지옥의 수많은 고통을 다 하여금 제멸케 하십니다.

여래의 묘한 음성이 시방에 두루하여
일체 말소리를 다 갖추어 연설하되
모든 중생의 숙세에 선근력을 따르나니
이것은 이 대사의 신통변화의 작용입니다.

한량없고 끝없는 대해大海의 대중[194]에
부처님이 그 가운데 다 출현하여

널리 끝없는 묘한 법륜을 전하여
일체 모든 중생을 조복하십니다.

疏

次三은 語業이라

다음에 세 게송은 어업語業이다.

대해중大海衆은 합론合論에는 대중해大衆海라 하였다.

經

佛神通力無有邊하야 一切刹中皆出現하시니
善逝如是智無礙하야 爲利衆生成正覺하니다

부처님의 신통력은 끝이 없어서
일체 국토 가운데 다 출현하시나니
선서의 이와 같은 지혜는 걸림이 없어서
중생을 이익케 하기 위하여 정각을 성취하셨습니다.

疏

後一은 意業이라

뒤에 한 게송은 의업意業이다.

經

汝等應生歡喜心하야　踊躍愛樂極尊重하라
我當與汝同詣彼하리니　若見如來衆苦滅하리다

發心迴向趣菩提하야　慈念一切諸衆生하고
悉住普賢廣大願하면　當如法王得自在하리다

그대 등은 응당 환희심을 내어
뛰고 좋아하고 즐거워하며 지극히 존중하세요.
내 마땅히 그대 등과 더불어 같이 저 부처께 나아가리니
만약 여래를 친견한다면 수많은 고통을 제멸할 것입니다.

발심하고 회향하여 보리에 나아가[195]
자비한 마음으로 일체 모든 중생을 생각하고
보현의 광대한 서원에 다 머무르면
마땅히 법왕과 같이 자재함을 얻을 것입니다.

疏

三에 有二偈는 勸衆同歸라

---

[195] 발심하고 회향하여 보리에 나아간다고 한 것은 아래 영인본 화엄 4책,
p.305에 발심하여 대보리에 취향한다고 한 말과 같다 하겠다.

세 번째 두 게송이 있는 것은 대중에게 다 같이 귀의하기를 권한
것이다.

經

諸佛子야 大威光童子가 說此頌時에 以佛神力으로 其聲無礙하
야 一切世界가 皆悉得聞하고 無量衆生이 發菩提心하니라

모든 불자여, 대위광 동자가 이 게송을 설할 때에 부처님의 위신력
으로써 그 음성이 걸림이 없어서 일체 세계에 중생들이 다 듣고
한량없는 중생들이 보리심을 일으켰습니다.

疏

後에 諸佛子下는 偈益이니 可知라

뒤에 모든 불자라고 한 아래는 게송을 듣고 이익을 얻은 것이니
가히 알 수가 있을 것이다.

經

時에 大威光王子가 與其父母와 幷諸眷屬과 及無量百千億那由他衆生으로 前後圍遶하고 寶蓋如雲하야 遍覆虛空하고 共詣波羅蜜善眼莊嚴王如來所어늘

그때에 대위광 왕자가 그 부모와 아울러 모든 권속과 그리고 한량없는 백천억 나유타 중생으로 더불어 앞뒤로 에워싸고 보배 일산을 구름같이 하여 두루 허공을 덮고 함께 바라밀의 좋은 눈으로 장엄한 왕의 여래 처소에 나아가거늘

疏

第四에 時大威光下는 眷屬同歸라

제 네 번째 그때에 대위광 왕자라고 한 아래는 권속들이 같이 귀의한 것이다.

經

其佛이 爲說法界體性淸淨莊嚴修多羅하시니 世界海微塵等修
多羅로 而爲眷屬하니라

그 부처님이 법계의 체성이 청정하게 장엄한 수다라를 설하시니
세계 바다에 작은 티끌 수만치 많은 등의 수다라로 권속을 삼았습
니다.

疏

第五에 其佛下는 聞經悟入이라 文分爲三하리니 初는 佛爲說經이
요 二는 當機獲益이요 三은 如來讚述이라 今初主經이니 法界體性
은 大方廣也요 淸淨은 佛也요 莊嚴은 卽華嚴也라 有多眷屬者는
顯此敎圓니라

제 다섯 번째 그 부처님이라고 한 아래는 수다라(經)를 듣고 깨달아
들어가는 것이다.
문장을 나누어 세 가지로 하리니
처음에는 부처님이 수다라를 설한 것이요
두 번째는 당기當機가 이익을 얻는 것이요
세 번째는 여래가 찬탄하여 진술한 것이다.
지금은 처음으로 주主 경전이니
법계의 체성이라고 한 것은 대·방·광이요

청정이라고 한 것은 불佛이요
장엄이라 한 것은 곧 화엄이다.
티끌 수만치 많은 권속이 있다고 한 것은 이 화엄교가 원만함을
나타낸 것이다.

經

彼諸大衆이 聞此經已하고 得淸淨智하니 名入一切淨方便이요
得於地하니 名離垢光明이요 得波羅蜜輪하니 名示現一切世間
愛樂莊嚴이요 得增廣行輪하니 名普入一切刹土하야 無邊光明
淸淨見이요 得趣向行輪하니 名離垢福德雲光明幢이요 得隨入
證輪하니 名一切法海廣大光明이요 得轉深發趣行하니 名大智
莊嚴이요 得灌頂智慧海하니 名無功用修極妙見이요 得顯了大
光明하니 名如來功德海相에 光影遍照요 得出生願力淸淨智하
니 名無量願力信解藏이라

저 모든 대중이 이 경을 들어 마치고 청정한 지혜를 얻었으니
이름이 일체 청정한 방편에 들어가는 것이요
지위를 얻었으니 이름이 때를 떠난 광명이요
바라밀의 바퀴를 얻었으니 이름이 일체 세간이 좋아하고 즐거워하
는 장엄을 시현하는 것이요
증장하여 넓히는 행의 바퀴를 얻었으니 이름이 널리 일체 국토에
들어가서 끝이 없는 광명이 청정함을 보는 것이요
나아가는 모든 행의[196] 바퀴를 얻었으니 이름이 때를 떠난 복덕
구름 광명의 당기요
따라 들어가 증득하는 바퀴를 얻었으니 이름이 일체 진리의 바다에

---

196 원문에 취향행趣向行이란, 소문에는 취향제행趣向諸行이라 하였다.

광대한 광명이요

전전히 깊은 곳으로 출발하여 나아가는 행을 얻었으니 이름이 큰 지혜 장엄이요

관정 지혜의 바다를 얻었으니 이름이 무공용의 수행이 지극하여 묘하게 보는 것이요

밝게 아는 큰 광명을 얻었으니 이름이 여래 공덕 바다의 모습에 달빛 그림자가 두루 비치는 것이요

원력을 출생하는 청정한 지혜를 얻었으니 이름이 한량없는 원력으로 믿고 아는 창고입니다.

疏

二에 彼諸下는 當機獲益이니 亦有十益이라 旣云大衆이라하니 或一人得一이며 或二三四며 或具十者니라 威光先證일새 故略不標나 大衆之言에 亦已含矣일새 故下佛讚하니라 然此十事를 略爲二釋하리니 一者는 如次配於十地十度니 或取地義하며 或取度義하니라 一者는 達一切法의 本來淸淨이 名淸淨智요 不取淨相이 是名方便이니 卽初地入證之智也라 二는 則二地에 離破戒垢니 是所除障이요 照諸善品은 卽戒光明이라 三은 卽忍度니 忍爲上嚴하야 一切愛樂이라 四는 無刹不入하며 無法不照하며 無見不淨하니 是爲精進이라 增廣衆行은 約地義釋인댄 以諸道品으로 燒無盡惑하고 成無邊光이라 五에 趣向諸行은 能入俗也니 禪度增故로 性能離垢요 涉俗化物하야 成福德雲하고 不迷實理가 爲光明幢이라 六

은 般若現前이 名隨入證이요 照深緣起가 名法海光이라 七은 功用
已遠하야 將入無功이 爲深發趣요 權實無礙가 爲大莊嚴이라 八은
見法實性하야 無功而修가 爲極妙見이니 由此智慧하야 復得灌頂
이라 故로 仁王經云호대 後之三地는 同遣無明이라하니 同無功用
일새 故로 非灌頂地요 是灌頂智라 九는 顯了藥病이 是功德海相이
요 辯才遍應이 若月影流光이라 十은 智圓離障하야사 方於佛願에
而生信解일새 故曰出生이라하니라

두 번째 저 모든 대중이라고 한 아래는 당기當機가 이익을 얻는
것이니
또한 열 가지 이익이 있다.
이미 말하기를 대중이라 하였으니
혹 한 사람이 한 가지 이익을 얻은 것이며,
혹 두 사람 세 사람 네 사람이며,
혹 열 사람을 갖추었다.
대위광 동자는 먼저 증득하였기에 그런 까닭으로 생략하고 표하지
아니하였지만 대중이라는 말에 또한 이미 포함하였기에 그런 까닭으
로 아래에 부처님이 대위광을 찬송하였다.[197]
그러나 이 열 가지 일을 간략하게 두 가지로 해석하리니
첫 번째는 차례와 같이 십지를 십도十度에 배속하였으니,

----

197 아래에 부처님이 대위광을 찬송하였다고 한 것은 바로 아래 영인본 화엄
　　4책, p.305, 7행 게송에 착하다 공덕 지혜 바다여 운운한 것이다.

혹은 십지의 뜻을 취하기도 하였으며

혹은 십도의 뜻을 취하기도 하였다.

첫 번째는 일체법이 본래 청정함을 요달하는 것이 이름이 청정한 지혜요

청정한 모습조차 취하지 않는 것이 이것이 이름이 방편이니 곧 초지에 들어가 증득한 지혜이다.

두 번째는 곧 이지二地에 파계한 때를 떠나는 것이니 이것은 제멸할 바 장애요

모든 선품을 비추는 것은 곧 계의 광명이다.

세 번째는 곧 인도忍度이니 인도로 최상의 장엄을 삼아 일체 세간을 좋아하고 즐겁게 하는 것이다.

네 번째는 국토마다 들어가지 아니함이 없으며 법마다 비추지 아니함이 없으며 보는 것마다 청정하지 아니함이 없나니 이것은 정진이 되는 것이다.

증장하여 넓히는 수많은 행이라고 한 것은 지위의 뜻을 잡아 해석한다면 삼십칠조도품(諸道品)으로써 끝없는 미혹을 태우고 끝없는 빛을 이룬다는 뜻이다.

다섯 번째 나아가는 모든 행이라고 한 것은 능히 세속에 들어가는 것이니 선도禪度가 증장한 까닭으로 자성이 능히 때를 떠나는 것이요 세속과 관계하여 중생을 교화하여 복덕의 구름을 이루고 진실한 이치에 미혹하지 않는 것이 광명의 당기가 되는 것이다.

여섯 번째는 반야가 현전하는 것이 이름이 따라 들어가 증득하는 것이요

깊은 연기를 비추는 것이 이름이 진리의 바다에 광명이 되는 것이다.
일곱 번째는 유공용을 이미 멀리 떠나 장차 무공용에 들어가려
하는 것이 깊은 곳으로 출발하여 나아가는 것이요
방편과 진실이 걸림이 없는 것이 큰 지혜 장엄이 되는 것이다.
여덟 번째는 법의 실성을 보아 공력을 쓰지 않고 수행하는 것이
수행이 지극하여 묘하게 보는 것이 되나니 이 지혜를 인유하여
다시 관정을 얻는 것이다.
그런 까닭으로 『인왕경』에 말하기를[198] 뒤에 삼지三地[199]는 다 같이
무명을 보내는 것이다 하였으니,
무공용과 같기에 그런 까닭으로 관정지[200]灌頂地가 아니고 이것은
관정지灌頂智인 것이다.
아홉 번째는 약과 병을 밝게 아는 것이 이것이 여래 공덕 바다의
모습이요
변재로 두루 응하는 것이 마치 달빛 그림자가 광명을 유출하는
것과 같은 것이다.
열 번째는 지혜가 원만하여 장애를 떠나야 바야흐로 부처님의 서원
에 믿음과 지해知解를 내기에 그런 까닭으로 말하기를 서원을 출생한
다 하였다.

---

198 『인왕경』에 말하였다고 한 것은 『인왕반야바라밀경』 상上·하下 권 가운데
　　상권 교화품教化品에 나온다.
199 뒤에 삼지三地는 팔八에 부동지와 구九에 선혜지와 십十에 법운지이다.
200 관정지는 제십지이다.

鈔

故仁王經者는 卽教化品이라 於中第八은 名等觀菩薩이니 偈云호대
等觀菩薩二禪王이라 變化法身無量光等이라하며 九地云호대 慧光
開士三禪王이라하며 十地云호대 灌頂菩薩四禪王이라하며 後都頌
上三地云호대 等慧灌頂三品士가 除前餘習無明緣과 無明習相故
煩惱일새 二諦理窮一切盡이라하니라 釋曰旣牒三地가 除無明習일
새 是故疏云호대 同遣無明이라하니라 言非灌頂地下는 義釋彼經이니
灌頂地者는 自當第十일새 故云非灌頂地라하니라 然八地도 亦同遣
無明習하며 無功用智로 而得灌頂일새 故云是灌頂智라하니라

그런 까닭으로 『인왕경』이라고 한 것은 곧 『인왕경』 교화품이다.
그 가운데 제팔지[201]는 이름이 등관보살이니,
그 보살 게송에 말하기를 등관보살은 이선왕二禪王이다.
변화법신이 한량없는 광명 등等이라 하였으며
제구지에 말하기를 혜광보살(開士)은 삼선왕三禪王이라 하였으며
제십지에 말하기를 관정보살은 사선왕四禪王이라 하였으며
그 뒤에 위에 삼지三地를 모두 게송으로 설하여 말하기를
등관과 혜광과 관정인 세 품류의 보살이
앞에 나머지 습기習氣인 무명연無明緣과
무명습기의 모습인 옛 번뇌[202]를 제멸하였기에

---

201 第八은 『잡화기』에 제팔지라 하여 여기 번역한 것과 같다. 등관等觀보살이란
   평등하게 관찰하는 보살이라는 뜻이다.

이제二諦의 진리에 일체를 궁구하여 다한 것이다 하였다.

해석하여 말하면 이미 뒤에 삼지三地가 무명습기를 제멸함을 첩석하였기에 이런 까닭으로 소문에서 말하기를 다 같이 무명을 보내는 것이다 하였다.

관정지가 아니라고 한 아래는 저 『인왕경』을 뜻으로 해석한 것이니 관정지는 스스로 제십지에 해당하기에 그런 까닭으로 말하기를 관정지가 아니라고 하였다.

그러나 팔지도 또한 다[203] 무명습기를 보냈으며 무공용의 지혜로 관정을 얻었기에 그런 까닭으로 말하기를 이것은 관정지인 것이다 하였다

疏

二者는 此上十門이 隨一一事하야 以立其名이나 未必全將配於地位라 或通配諸位하며 或復不次는 以人無量하며 隨證不同은 普賢巧說이니 故文含多義라

두 번째는 이 위에 십문이 낱낱 사실을 따라서 그 이름을 세웠지만 반드시 전체를 잡아 지위에 배속한 것은 아니다.

---

202 옛 번뇌(故煩惱)라고 한 것은 습기인 까닭으로 옛 번뇌라 이름하였거니와, 만약 현행이라고 한다면 곧 새 번뇌라고 이름할 것이다. 역시 『잡화기』의 말이다.

203 十地의 十 자는 八 자의 잘못이고, 亦用의 用 자는 同 자의 잘못이다. 이것은 『유망기』의 말이다.

혹 모든 지위에 다 배속하기도 하였으며

혹 다시 차례가 같지 않는 것은 사람이 헤아릴 수 없으며

증득함을 따라 지위가 같지 않은 것은 보현이 방편으로 설한 것이니

그런 까닭으로[204] 문장이 많은 뜻을 포함하고 있다 하겠다.

---

204 고故 자를 『잡화기』는 필요 없는 글자라 하나, 있다 해도 무방하다 하겠다.

經

時彼佛이 爲大威光菩薩하야 而說頌言하사대

善哉功德智慧海여　發心趣向大菩提하니
汝當得佛不思議하야　普爲衆生作依處리다

汝已出生大智海하고　悉能遍了一切法일새
當以難思妙方便으로　入佛無盡所行境이리다

已見諸佛功德雲하고　已入無盡智慧地일새
諸波羅蜜方便海를　大名稱者當滿足하리다

已得方便總持門과　及以無盡辯才門하야
種種行願皆修習일새　當成無等大智慧하리다

汝已出生諸願海하고　汝已入於三昧海일새
當具種種大神通과　不可思議諸佛法하리다

究竟法界不思議나　廣大深心已淸淨일새
普見十方一切佛의　離垢莊嚴衆刹海리다

그때에 저 부처님이 대위광 보살을 위하여 게송을 설하여 말씀하시
기를

착합니다, 공덕 지혜 바다여
발심하여 대보리에 나아가니
그대는 마땅히 부처님의 사의할 수 없는 공덕을 얻어
널리 중생을 위하여 의지처를 지을 것입니다.

그대는 이미 큰 지혜의 바다를 출생하였고
다 능히 일체법을 두루 요달하였기에
마땅히 사의하기 어려운 묘한 방편으로써
부처님이 끝이 없이 행한 바 경계에 들어갈 것입니다.

이미 모든 부처님의 공덕 구름을 보았고
이미 끝없는 지혜의 땅에 들어갔기에
모든 바라밀 방편의 바다를
크게 이름난 이[205]가 마땅히 만족할 것입니다.

이미 방편과 총지문과
그리고 끝없는 변재문을 얻어서
가지가지 행원을 다 닦아 익혔기에

---

205 크게 이름난 이 라고 한 것은 대위광 보살이다.

마땅히 비등할 수 없는 큰 지혜를 성취할 것입니다.

그대는 이미 모든 서원의 바다를 출생하였고
그대는 이미 삼매의 바다에 들어갔기에
마땅히 가지가지 큰 신통과
가히 사의할 수 없는 모든 불법을 구족할 것입니다.

구경究竟의 법계가 사의할 수 없지만
광대하고 깊은 마음이 이미 청정하였기에
널리 시방에 일체 부처님의
때를 떠나 장엄된 수많은 국토 바다를 볼 것입니다.

疏

第三에 時彼下는 如來讚述이라 十頌分二리니 前六은 讚其已具勝
德일새 當成極果라 皆前半은 已獲이요 後半은 當證이로대 獨第四
偈만 三句是因이라

제 세 번째 그때에 저 부처님이라고 한 아래는 여래가 찬탄하여
진술한 것이다.
열 게송을 두 가지로 분류하리니
앞에 여섯 게송은 그 대위광이 이미 수승한 공덕을 구족하였기에
마땅히 불과(極果)를 이룰 것이라고 찬탄한 것이다.

다 앞에 반 게송[206]은 이미 얻은 것을 나타낸 것이고
뒤에 반 게송은 당래에 증득할 것을 나타낸 것이지만 유독 제 네
번째 게송만 삼구가 원인을 나타내었을 뿐이다.

---

206 다 앞에 반 게송이라고 한 것은 다(皆)라고 한 것은 앞에 여섯 게송을 말하는
    것이고, 앞에 반(前半) 게송이라고 한 것은 각 게송마다 앞에 반 게송을
    말하는 것이다.

經

汝已入我菩提行과　昔時本事方便海하야
如我修行所淨治일새 如是妙行汝皆悟리다

我於無量一一刹에　種種供養諸佛海하사
如彼修行所得果일새 如是莊嚴汝咸見이리다

廣大劫海無有盡토록 一切刹中修淨行하며
堅固誓願不可思일새 當得如來此神力이니다

諸佛供養盡無餘하고 國土莊嚴悉淸淨하야
一切劫中修妙行일새 汝當成佛大功德하리다

그대가 이미 나의 보리행과
옛 시절에 본래 섬긴 방편의 바다에 들어가서
나와 같이 수행하여 청정하게 다스린 바이기에
이와 같은 묘한 행을 그대가 다 깨달을 것입니다.

내가 한량없는 낱낱 국토에서
가지가지로 모든 부처님의 바다에 공양하여
저 부처님과 같이 수행하여 얻은 바 과보이기에
이와 같은 장엄을 그대가 다 볼 것입니다.

광대한 세월의 바다가 끝이 없도록
일체 국토 가운데서 청정한 행을 닦았으며
서원을 견고하게 하기를 사의할 수 없이 하였기에
마땅히 여래의 이러한 신통력을 얻을 것입니다.

모든 부처님께 공양하기를 다 남김없이 하였고
국토를 장엄하기를 다 청정하게 하여
일체 세월 가운데 묘한 행을 닦았기에
그대는 마땅히 부처님의 큰 공덕을 성취할 것입니다.

疏

後四偈는 明行齊佛因일새 當如佛證이니 皆三句는 擧佛行이요 後
一句는 齊佛德이라 然此中述讚을 望前遇光得益과 及向大衆所
得인댄 多有相同하니라 義必述上이니 可以意로 消息之니라

뒤에 네 게송[207]은 수행이 부처님의 인행시와 같기에 당연히 부처님
과 같이 증득할 것임을 밝힌 것이니
다 앞에 세 구절[208]은 부처님의 행을 거론한 것이요
뒤에 한 구절은 부처님의 공덕과 같은 것이다.
그러나 이 가운데 진술하여 찬탄한 것을 앞[209]에 대위광을 만나

---

207 원문에 사게四偈라고 한 아래에 명明 자가 있어야 한다.
208 다 앞에 세 구절이라고 한 것은 네 게송이 다 앞에 세 구절은 운운이다.

이익을 얻은 것과 그리고 향전向前[210]에 대중이 얻은 바를 바라본다면
다분히 서로 같은 것이 있다.
그 뜻은 반드시 위에 것[211]을 진술하여 찬탄한 것이니
가히 뜻으로써 그것을 소식消息할 것이다.

---

209 앞이란, 영인본 화엄 4책, p.288, 7행이다.
210 향전向前이라고 한 것은 영인본 화엄 4책, p.301 말행末行 이하이다.
211 위에 것이라고 한 것은 대위광을 만나 이익을 얻은 것이다.

經

諸佛子야 波羅蜜善眼莊嚴王如來가 入涅槃已에 喜見善慧王도
尋亦去世어늘 大威光童子가 受轉輪王位하니라

모든 불자여, 바라밀의 좋은 눈으로 장엄한 왕의 여래가 열반에
든 이후에 기쁨으로 바라보는 좋은 지혜 왕도 이윽고[212] 또한 세상을
떠나가거늘 대위광 동자가 전륜왕위를 받았습니다.

疏

第三은 遇第三佛이라 文分爲六하리니 一은 如來出時니 前佛滅後
에 等時也라

제 세 번째는[213] 제 세 번째 부처님을 만난 것이다.
문장을 나누어 여섯 가지로 하리니
첫 번째는 여래가 출현하실 때이니
앞에 부처님이 열반하신 뒤 같은 시간에 출현하실 것이다.

---

212 尋은 이윽고 심 자이다.
213 遇 자 위에 第三 두 자가 있는 것이 좋다. 즉 第三은 遇第三佛이라 할
   것이다. 第二佛에도 그렇게 되어 있다.

經

彼摩尼華枝輪大林中에 第三如來가 出現於世하시니 名最勝功
德海라

저 마니 꽃 가지 바퀴 큰 숲 가운데 제 세 번째 여래가 세상에
출현하시니 이름이 가장 수승한 공덕의 바다입니다.

疏

二에 彼摩尼下는 正明現世라 立斯號者는 功德海滿하야 無加過
也라

두 번째 저 마니 꽃이라고 한 아래는 여래가 세상에 출현하심을
바로 밝힌 것이다.
이 여래의 이름을 세운 것은 공덕의 바다가 원만하여 이보다 더
지날 수 없는 때문이다.

經

時에 大威光轉輪聖王이 見彼如來成佛之相하고 與其眷屬과 及
四兵衆과 城邑聚落에 一切人民으로 幷持七寶하야 俱往佛所하
야 以一切香摩尼莊嚴大樓閣으로 奉上於佛하니

그때에 대위광 전륜성왕이 저 여래가 성불하시는 모습을 보고
그 권속과 그리고 사병四兵의 무리와 성읍과 마을에 일체 인민으로
더불어 아울러 칠보를 가져 함께 부처님의 처소에 가서 일체 향기
나는 마니로 장엄한 큰 누각으로써 부처님께 받들어 올리니

疏

三에 時大威光下는 威光往供이라

세 번째 그때에 대위광 전륜성왕이라고 한 아래는 대위광 전륜왕이
여래에게 가서 공양한 것이다.

經

時彼如來가 於其林中에 說菩薩普眼光明行修多羅하시니 世界微塵數修多羅로 而爲眷屬하니라

그때에 저 여래가 그 숲 가운데서 보살의 넓은 눈 광명[214]으로 행하는 수다라를 설하시니
세계에 작은 티끌 수만치 많은 수다라로 권속을 삼았습니다.

疏

四에 時彼如來下는 佛爲說經이니 見普法故로 名爲普眼이요 以慧爲性일새 故曰光明이라하니라 況一眼卽十眼으로 融無障礙아 眼外無法이 方眞普眼이니 以諸緣發見에 卽緣名爲根이요 因沒果中에 緣皆號眼이라 故全色爲眼일새 恒見色而無緣이요 全眼爲色일새 恒稱見而非我矣니라

네 번째 그때에 저 여래라고 한 아래는 저 부처님이 경을 설한 것이니
넓은 법을 본 까닭으로 이름을 넓은 눈이라 하였고,
지혜로써 자성을 삼았기에 그런 까닭으로 말하기를 광명光明이라

---

214 원문에 보안광명행수다라普眼光明行修多羅는 영인본 화엄 14책, p.423, 입법
계품에는 보조광명행수다라普照光明行修多羅라 하였으니 보조와 보안만 다
르다.

하였다.

하물며 일안一眼이 곧 십안十眼으로 융합하여 걸림이 없는 것이겠는가.

눈 밖에 한 법도 없는 것이 바야흐로 참다운 넓은 눈(普眼)이니 모든 조연(緣)으로써 봄을 일으킴에 곧 조연(緣)을 이름하여 근根이라 하고,

원인(因)이 과보(果) 가운데 몰입함에[215] 조연(緣)을 다 이름하여 안眼이라 하는 것이다.

그런 까닭으로 전체 색色이 눈이 되기에 항상 색을 보지만 조연(緣)이 없고, 전체 눈(眼)이 색이 되기에 항상 본다고 이름하지만 내(我)가 없는 것이다.

鈔

見普法故者는 此釋經名이니 而有三義라 一은 約所見稱普라 言普法者는 一具一切니 一一稱性하야 同時具足等이라 斯卽十眼之內에 一眼之能이니 經云호대 一切智眼으로 見普門法界故라하니라 二는 況一眼者는 約能見稱普니 如五眼中佛眼이라 四眼入佛眼하야는 皆名佛眼이니 如四河入海하면 無復河名이나 而具河味니라 故金剛經云호

---

215 원인(因)이 과보(果) 가운데 몰입한다고 한 것은 구연九緣이 색을 보는 조연이 된다면 구연은 원인이 되고 색을 보는 것은 과보가 되는 것이다. 구연으로 이미 다 색을 보았다면 원인의 뜻이 멸몰滅沒하여 과보에 있는 까닭이다. 몰沒은 멸몰滅沒의 뜻이고 몰입沒入의 뜻이다. 『잡화기』의 말이다.

대 如來有肉眼不아 如是니다 世尊이시여 如來有肉眼이니다 乃至云
호대 如來有佛眼不아 如是니다 世尊이시여 如來有佛眼이니다하니 今
十眼亦爾하야 隨一具十이라 而諸敎엔 唯佛眼具五하고 餘四則無어
니와 今엔 因果之人이 皆許一眼이 卽具十眼이라 不唯後勝이 具於前
劣이니 若一不具十인댄 則非普眼이라 言十眼者는 離世間品說이
니 謂一은 肉眼이요 二는 天眼이요 三은 慧眼이요 四는 法이요 五는
佛이요 六는 智요 七는 光明이요 八는 出生死요 九는 無礙요 十은
一切智라

넓은 법을 본 까닭이라고 한 것은 이것은 경의 이름을 해석한 것이니
세 가지 뜻이 있다.
첫 번째는 소견이 넓다고 이름한 것을 잡은 것이다.
넓은 법이라고 말한 것은 하나가 일체를 구족한 것이니
낱낱이 자성에 칭합하여 농시에 구족한 등이다.
이것은 곧 십안十眼의 안에 일안一眼이 능한 것이니,
경에 말하기를 일체 지혜의 눈으로 보문普門의 법문을 보는 까닭이라
한 것이다.
두 번째는 하물며 일안一眼이라고 한 것은 능견能見이 넓다고 이름한
것을 잡은 것이니
오안五眼 가운데 불안과 같은 것이다.
사안四眼이 불안에 들어가서는 다 이름이 불안이니
사방에 냇물이 바다에 들어가면 다시 냇물이라는 이름은 없어지지만
그러나 냇물의 맛은 갖추고 있는 것과 같다.

그런 까닭으로 『금강경』에 말하기를 여래가 육안이 있는가. 그렇습니다. 세존이시여, 여래가 육안이 있습니다.

내지 말하기를 여래가 불안이 있는가. 그렇습니다. 세존이시여, 여래가 불안이 있습니다 하였으니,

지금에 십안十眼도 또한 그러하여 일안一眼을 따라 십안十眼을 구족한 것이다.

그러나 제교諸教에서는 오직 불안佛眼만이 오안五眼을 구족하고 나머지 사안四眼은 곧 없거니와, 지금 화엄에서는 인과因果의 사람이 다 일안一眼이 곧 십안十眼을 구족함을 허락하는 것이다.

오직 뒤에 수승한 것만이 앞에 하열한 것을 구족하는 것이 아니니 만약 일안이 십안을 구족하지 못하였다면 곧 넓은 눈(普眼)이 아닐 것이다.

십안이라고 말한 것은 이세간품에서 말한 것이니,

말하자면 첫 번째는 육안이요,

두 번째는 천안이요,

세 번째는 혜안이요,

네 번째는 법안이요,

다섯 번째는 불안이요,

여섯 번째는 지안이요,

일곱 번째는 광명안이요,

여덟 번째는 출생사안出生死眼이요,

아홉 번째는 무애안이요,

열 번째는 일체지안이다.

其融無礙는 則有二義하니 一者는 成上이니 十眼無礙요 二者는 成下
니 卽能所無礙라 三에 眼外無法下는 約心境互收하야사 方稱普眼이
니 此上標也라 以諸緣下는 別釋所以니 如大乘法師가 以九緣發識일
새 眼根名眼이요 餘不名眼이라하니라 今則例之하니 眼根能發識일새
眼根得名眼이요 空明能發識일새 亦得同名眼이라 餘六例然이니 以
緣起之法이 各有有力無力하야 相成立故니라 次云호대 因沒果中에
緣皆號眼者는 九緣並是因이라 見色에 得名眼이니 九緣皆見色이요
沒果同名眼이니 以皆全有力故라 言全色爲眼일새 恒見色者는 色是
所緣之境이요 眼是能緣之根이나 今卽是眼일새 故無緣也라하니라
全眼爲色者는 眼是我能見이나 今全爲色일새 正見之時엔 卽非我也
라하니 此卽賢首之意라 下更有言云호대 非我는 離於情想이며 無緣
은 絶於貪求니 收萬像於目前하고 全十方於眼際니라 是以로 緣義無
盡하야 隨見見而不窮이요 物性回思하야 應法法而難準이라 法普卽
眼普요 義通乃見通이니 體之自隱隱하고 照之邃重重하리라 然後에
窮十方於眼際하고 鏡空有而皎明하야 收萬像以成身이라하고 顯事
理而通徹也니라

융합하여 걸림이 없다고 한 것은 곧 두 가지 뜻이 있나니
첫 번째는 위를 성립하는 것이니
십안이 걸림이 없다는 것이요
두 번째는 아래를 성립하는 것이니
곧 능·소가 걸림이 없다는 것이다.
세 번째 눈 밖에 법이 없다고 한 아래는 마음과 경계를 서로 거두어야

바야흐로 넓은 눈이라고 이름함을 잡은 것이니

이 위에는 한꺼번에 표한 것이다.

모든 조연(緣)이라고 한 아래는 그 까닭을 따로 해석한 것이니,
대승 법사가 구연九緣으로써 식識을 일으키기에[216] 안근眼根을 눈이
라 이름하고[217] 나머지는 눈이라 이름하지 않는다고 한 것과 같다.

지금에도 곧 이것을 예하나니

안근眼根이 능히 식識을 일으키기에 안근이 눈이라 이름함을 얻고,
공空과 명明도 또한 능히 식識을 일으키기에 또한 다 눈이라 이름함을
얻는 것이다.

나머지 육연六緣[218]도 예가 그러하나니

연기의 법이 각각 유력有力과 무력無力[219]이 있어서 서로 성립하는

---

216 구연九緣으로써 식識을 일으킨다고 한 것은 안식은 구연으로 생기는(眼識九
緣生) 것이니 명明과 공空과 근根과 경境과 작의作意와 근본의根本依와 염정의
染淨依와 분별의分別依와 종자의種子依이다.

217 안근을 눈이라 이름한다고 한 등은, 이 가운데 네 번의 명안名眼이라는
말이 있어 말은 비록 안眼이라 이름하지만 그 뜻은 다 근根을 취한 것(안근
眼根)이니, 소문 가운데 조연을 이름하여 근이라고 말한 것을 해석한 까닭이
다. 역시『잡화기』의 말이다.

218 나머지 육연六緣이라고 한 것은 명明과 공空과 근根을 제외한 육연이다.

219 유력有力과 무력無力이라고 한 것은 원인 가운데는 능발能發이 유력이요
소발所發이 무력이다. 과보 가운데는 능견能見이 유력이요 소견所見이 무력
이니 이것은 곧 그 뜻에 말하기를 일안一眼이 능발하고 능견할 때에 나머지
팔연八緣도 또한 능발하고 능견하나니 하나를 들어 전체를 거두는 것이다.
『잡화기』에 말하기를 만약 구연 가운데 공이 힘이 있으면 나머지 팔연은
힘이 없는 등이라 하였다.

까닭이다.

다음에 말하기를 원인이 과보 가운데 몰입함에 조연을 다 이름하여 안안眼이라 한다고 한 것은 구연이 아울러 이 원인이다.

색을 봄에 눈이라 이름함을 얻나니 구연이 다 색을 보는 것이요, 과보에 몰입함에 다 눈이라 이름하나니 다 온전히 힘이 있는(有力) 까닭이다.

전체 색이 눈이 되기에 항상 색을 본다고 말한 것은 색은 이 소연所緣의 경계요,

눈은 이 능연能緣의 뿌리(根)이지만 지금에는 곧 전체 색이[220] 이 눈이 되기에 그런 까닭으로 조연이 없다고 한 것이다.

전체 눈이 색이 된다고 한 것은 눈은 이 나의 능견能見이지만 지금에는 전체 눈이[221] 색이 되기에 바로 볼 때는 곧 내가 없다고 하였으니 이것은 곧 현수 법사의 뜻이다.

아래에 다시 말을 두어 이르기를 내가 없다고 한 것은 망정의 생각을 떠난 것이며,

조연이 없다고 한 것은 탐욕으로 구함을 끊은 것이니

만상을 목전에서 거두고 시방을 눈가에서 온전히 하는 것이다.

이런 까닭으로 조연의 뜻은 다함이 없어서 볼 바를 따라 보지만 다함이 없는 것이요,

만물의 자성은 사의하기 어려워서 법할 바를 응하여 법하지만 기준

---

220 원문에 금즉시안今卽是眼이라고 한 것은 금즉전색시안야今卽全色是眼也라.
221 원문에 금전위색今全爲色이라고 한 것은 금전안위색야今全眼爲色也라.

하기 어려운 것이다.

법이 넓은 것이 곧 눈이 넓은 것이요,

뜻이 통하는 것이 이에 보는 것이 통하는 것이니

그것을 체달하면 스스로 은은할 것이고,

그것을 비추면 드디어 중중할 것이다.

그런 뒤에 시방을 눈가에서 다하고 공空과 유有를 비추어 밝혀 만상을
거둠으로써 몸을 이룬다 하고 사리事理가 통철함을 나타내었다.

經

爾時에 大威光菩薩이 聞此法已하고 得三昧하니 名大福德普光明이라 得此三昧故로 悉能了知一切菩薩과 一切衆生의 過現未來에 福非福海하니라

그때에 대위광 보살이 이 법문을 들어 마치고 삼매를 얻었으니 이름이 큰 복덕 넓은 광명입니다.
이 삼매를 얻은 까닭으로 다 능히 일체 보살과 일체중생의 과거 현재 미래에 복덕과 비복덕의 바다를 요달하여 알았습니다.

疏

五에 爾時下는 威光得益이라 五度皆福이나 定爲最大요 寂無不照가 名普光明이라 得此已下는 彰其定用이라 福非福言은 略有二意하니 一은 福卽是善이요 非福是罪라 二는 福卽是相이요 非福卽性이라 雙了性相일새 故經云호대 福德은 卽非福德性이라하니 此卽深也요 了一切者는 廣也니 故有海言이라 遇於初佛하야 但得十者는 自力未勝故요 次佛十千者는 道轉深故요 今唯一者는 道已滿故라

다섯 번째 그때에 대위광 보살이라고 한 아래는 대위광이 이익을 얻은 것이다.
다섯 가지 바라밀이 다 복덕이지만 삼매가 가장 큰 복덕이 되는

것이요

고요하여 비추지 아니함이 없는 것이 이름이 넓은 광명이 되는 것이다.

이 삼매를 얻었다고 한 이하는 그 삼매의 작용을 나타낸 것이다.

복덕과 비복덕이라고 말한 것은 간략하게 두 가지 뜻이 있나니

첫 번째는 복덕은 곧 이 선업이요 비복덕은 이 죄업이다.

두 번째는 복덕은 곧 이 형상이요 비복덕은 곧 자성이다.

자성과 형상을 둘 다 요달하였기에 그런 까닭으로 『금강경』에 말하기를 복덕은 곧 복덕의 자성이 아니라 하였으니 이것은 곧 깊다는 것이요

일체 보살과 중생의 복덕과 비복덕을 요달하였다고 한 것은 넓다는 것이니

그런 까닭으로 바다(海)라는 말이 있는 것이다.[222]

처음 부처님을 만나 다만 열 가지 법문만을 얻은 것은 자력自力이 아직 수승하지 못한 까닭이요

다음에 부처님을 만나 십천법문을 얻은 것은 도가 전전히 깊어진 까닭이요

지금에 오직 한 법문[223]만 얻은 것은 도가 이미 만족한 까닭이다.

---

222 바다(海)라는 말이 있다고 한 것은 경문에 복덕과 비복덕의 <u>바다</u>라고 한 것을 말한다.

223 오직 한 법문이라고 한 것은 큰 복덕 넓은 광명 삼매이다.

鈔

五度皆福者는 然六波羅蜜을 攝成二嚴이 總有兩意하니 一은 前五爲福이요 後一爲智라 二者는 前三唯福이요 後一唯智라 進定通二니 成前爲福하고 成後屬智라 今以經中云호대 得三昧하니 名大福德이라하니 故用前門하니라 福卽是善者는 卽百論에 捨罪福品意라 故論에 引金剛의 福尙應捨어든 何況非福가하야 以善捨惡하고 以無相智로 捨福하야사 則善惡兩忘이라하니라 今云了者는 一은 了其相이요 二는 了體空이요 三은 了無礙라 二에 福卽是相下는 卽以世諦說福하고 諦一義中엔 福亦不存이라 故引金剛에 如來說호대 福德相은 隨俗說也요 卽非福德相은 當體空寂也요 是名福德相은 結正義也라 若福卽非福인댄 方名眞福이요 若以福爲福인댄 非眞福也라 有人이 以第三句로 亦約俗諦니 非得經意라

다섯 가지 바라밀이 다 복덕이라고 한 것은 그러나 육바라밀을 두 가지 장엄으로 섭수하여 성립하는 것이 모두 두 가지 뜻이 있나니 첫 번째는 앞에 다섯 바라밀은 복덕 장엄이 되고, 뒤에 한 바라밀은 지혜 장엄이 되는 것이다.

두 번째는 앞에 세 바라밀은 오직 복덕 장엄뿐이고, 뒤에 한 바라밀은 오직 지혜바라밀뿐이다.

정진바라밀과 선정바라밀은 두 가지에 통하나니

앞의 뜻을 성립함에 복덕 장엄이 되고, 뒤의 뜻을 성립함에 지혜 장엄에 속하는 것이다.

지금에는 경문 가운데 말하기를 삼매를 얻었으니 이름이 큰 복덕이다 하였으니,
그런 까닭으로 앞에 문(前門)²²⁴을 인용하였다.

첫 번째는 복덕은 곧 이 선업이라고 한 것은 곧『백법론』에 사죄복품捨罪福品의 뜻이다.
그런 까닭으로 논에서『금강경』에 복덕도 오히려 응당 버려야 하거든 어찌 하물며 비복덕이겠는가 하는 말을 인용하여 선으로써 악을 버리고 무상無相의 지혜로써 복덕마저 버려야 곧 선과 악을 둘 다 잊는 것이다 하였다.

지금에 말하기를 요달하였다고 한 것은 첫 번째는 그 모습을 요달한 것이요
두 번째는 자체가 공함을 요달한 것이요
세 번째는 걸림이 없음을 요달한 것이다.

두 번째 복덕은 이 형상이라고 한 아래는 곧 세제世諦로써 복덕을 설하고 제일의 제 가운데는 복덕도 또한 두지 않는 것이다.
그런 까닭으로 논에서『금강경』에 여래가 말씀하시기를 복덕의 모습이라고 한 것을 인용한 것은 세속을 따라 설한 것²²⁵이요

---

224 앞에 문(前門)이라고 한 것은 곧 이문二門 가운데 앞은 복덕문福德門이고 뒤는 지혜문智慧門이니 앞에 복덕문을 인용하였다는 것이다.
225 세속을 따라 설한 것이라고 한 것은 세 가지 뜻 가운데 첫 번째 그 모습을

곧 비복덕상이라고 한 것을 인용한 것은 당체가 공적한 것[226]이요
이 이름이 복덕상이라고 한 것을 인용한 것은 바른 뜻을 맺는[227]
것이다.

만약 복덕이 곧 복덕이 아니라면 바야흐로 이름이 참다운 복덕이요
만약 복덕으로써 복덕을 삼는다면 참다운 복덕이 아닌 것이다.
어떤 사람이 제삼구[228]로써 또한 속제를 잡았으니
『금강경』의 뜻을 얻지 못한 것이다.

요달한 것이라 한 것이다.
226 당체가 공적한 것이라고 한 것은 제 두 번째 자체가 공적함을 요달한 것이라
한 것이다.
227 바른 뜻을 맺는다고 한 것은 제 세 번째 걸림이 없음을 요달한 것이라
한 것이다.
228 제삼구第三句란, 시명복덕상是名福德相이다.

經

時彼佛이 爲大威光菩薩하사 而說頌言하사대

善哉福德大威光이여 汝等今來至我所하야
愍念一切衆生海하야 發勝菩提大願心하니다

汝爲一切苦衆生하야 起大悲心令解脫케하야
當作群迷所依怙리니 是名菩薩方便行이니다

若有菩薩能堅固하야 修諸勝行無厭怠하면
最勝最上無礙解의 如是妙智彼當得하리다

福德光者福幢者며 福德處者福海者인
普賢菩薩所有願에 是汝大光能趣入하리다

그때에 저 부처님이 대위광 보살을 위하여 게송을 설하여 말씀하시기를

착합니다, 복덕 어린 대위광이여
그대 등이 지금 나의 처소에 와서
일체중생의 바다를 어여삐 생각하여
수승한 보리와 큰 서원의 마음을 일으킵니다.

그대 등이 일체 고통 받는 중생을 위하여
대비심을 일으켜 하여금 해탈케 하여
마땅히 중생의 의지할 바를 지으리니
이것이 이름이 보살의 방편행입니다.

만약 어떤 보살이라도 능히 견고하여
모든 수승한 행을 닦되 싫어하거나 피곤함이 없다면
가장 수승하고 가장 높아 걸림 없이 아는
이와 같은 묘한 지혜를 저 보살은 마땅히 얻을 것입니다.

복덕 광명의 존재자이며 복덕 당기의 존재자이며
복덕 처소의 존재자이며 복덕 바다의 존재자[229]인
보현보살이 소유한 서원에
그대 대위광은 능히 나아가 들어갈 것입니다.

疏

第六에 時彼佛下는 如來記別이라 十一偈分四리니 初四는 顯具菩
提心이니 謂初有願이요 次偈有悲요 四有智光이요 三兼精進하야
通策三心이니 故로 菩提心圓하야 當成妙智라

제 여섯 번째 그때에 저 부처님이라고 한 아래는 여래가 수기하는(記

---

229 존재자 "여" 라고 토吐를 단다면 대위광을 지칭하는 말이다.

別)[230] 것이다.

열한 게송을 네 가지로 분류하리니

처음에 네 게송은 보리심 구족함을 나타낸 것이니

말하자면 처음에 게송은 서원이 있는 것이요

다음에 게송은 대비가 있는 것이요

네 번째 게송은 지광智光이 있는 것이요

세 번째 게송은 정진을 겸하여 삼심三心[231]을 모두 묶은 것이니 그런 까닭으로 보리심이 원만하여 마땅히 묘한 지혜를 이루는 것이다.

---

230 원문에 기별記莂이라고 한 것은 통칭 수기한다고 하지만 엄격하게는 낱낱이 구별하여 수기(예언)하는 것을 말한다.

231 삼심三心이라고 한 것은 비悲와 지智와 원願의 세 가지 마음이다.

汝能以此廣大願으로 入不思議諸佛海하며
諸佛福海無有邊이나 汝以妙解皆能見이리다

汝於十方國土中에 悉見無量無邊佛하대
彼佛往昔諸行海인 如是一切汝咸見하리다

若有住此方便海인댄 必得入於智地中하리니
此是隨順諸佛學으로 決定當成一切智하리다

汝於一切刹海中에 微塵劫海修諸行하며
一切如來諸行海를 汝皆學已當成佛하리다

그대가 능히 이 광대한 서원으로써
사의할 수 없는 모든 부처님의 바다에 들어가며
모든 부처님의 복덕의 바다가 끝이 없지만
그대가 묘한 지해知解로써 다 능히 볼 것입니다.

그대가 시방의 모든 국토 가운데
다 한량없고 끝없는 부처님을 친견하되
저 부처님이 지나간 옛날에 모든 수행한 바다인
이와 같은 일체를 그대가 다 볼 것입니다.

만약 어떤 사람이라도 이 방편의 바다에 머문다면
반드시 지혜의 땅 가운데 들어감을 얻을 것이니
이것은 모든 부처님을 따라 배우는 것으로
결정코 마땅히 일체 지혜를 성취할 것입니다.

그대가 일체 국토 바다 가운데
작은 티끌 수 세월의 바다가 다하도록 모든 행을 닦았으며
일체 여래의 모든 행의 바다를
그대가 다 배워 마쳤으니 마땅히 부처를 이룰 것입니다.

疏

次四는 上入佛境이라

다음에 네 게송은 위로 부처님의 경계에 들어가는 것이다.

經

如汝所見十方中에　　一切刹海極嚴淨하야
汝刹嚴淨亦如是하나니 無邊願者所當得하리다

그대가 본 바 시방 가운데
일체 국토의 바다가 다 장엄되고 청정한 것과 같아서
그대의 국토가 장엄되고 청정한 것도 또한 이와 같나니
끝없이 서원하는 이가 마땅히 얻을 바입니다.

疏

三有一偈는 示其果相이 得同諸佛이라

세 번째 한 게송이 있는 것은 그 대위광이 과상果相을 얻는 것이
모든 부처님과 같이 얻음을 시현한 것이다.

經

今此道場衆會海가　聞汝願已生欣樂하야
皆入普賢廣大乘하야　發心迴向趣菩提하니다

無邊國土一一中에　悉入修行經劫海하며
以諸願力能圓滿　普賢菩薩一切行하니다

지금 이 도량에 모인 대중의 바다가
그대의 서원을 들어 마치고 기뻐하고 즐거워하는 마음을 내어
모두 다 보현의 광대한 수레(行乘)에 들어가
발심하고 회향하여 보리에 나아갑니다.

끝없는 국토 그 낱낱 가운데
다 들어가 수행하기를 세월의 바다가 지나도록 하였으며
모든 원력으로써
능히 보현보살의 일체행을 원만히 하였습니다.

疏

四有二偈는 讚其現能利他하고 住普賢行이라

네 번째 두 게송이 있는 것은 그들이 현재 능히 다른 이를 이롭게
하고 보현행에 머문 것[232]을 찬탄한 것이다.

---

232 다른 이를 이롭게 한 것은 제일게第一偈이니 이타利他이고, 보현행에 머문
    것은 제이게第二偈이니 자리自利이다.

經

諸佛子야 彼摩尼華枝輪大林中에 復有佛出하시니 號名稱普聞
蓮華眼幢이라

모든 불자여, 저 마니 꽃 가지 바퀴 큰 숲 가운데 다시 부처님이
있어 출현하시니
이름이 명칭이 널리 소문난 연꽃 눈 당기입니다.

疏

遇第四佛이라 文分爲四리니 一은 佛出人中이요 二는 天王就供이
요 三은 如來說法이요 四는 得益還歸라 今初니 約相인댄 目類靑蓮
이요 約德인댄 心無所染이니 相德高顯하고 名稱外彰하야 摧邪衆
歸일새 故曰幢也라

제 네 번째 부처님을 만난 것이다.
문장을 나누어 네 가지로 하리니
첫 번째는 부처님이 인간 가운데 출현한 것이요
두 번째는 천왕이 나아가 공양한 것이요
세 번째는 여래가 법을 설한 것이요
네 번째는 천왕들이 이익을 얻어 돌아간 것이다.

지금은 처음으로 모습을 잡는다면 눈의 유형이 푸른 연꽃과 같은

것이요

공덕을 잡는다면 마음이 물든 바가 없는 것이니

모습과 공덕이[233] 높이 나타나고 명칭이 밖으로 나타나 사마邪魔를 꺾고 대중들이 돌아가게 하기에 그런 까닭으로 당기라 말한 것이다.

---

[233] 모습과 공덕이라 운운한 것은, 위에서는 연꽃 눈(蓮華眼)이라 한 것을 해석한 것이고 여기서는 당기(幢-蓮華眼幢)라 한 것을 해석한 것이니, 소염'이라' 고현'하며' 외창'하야' 吐이다. 역시 다 『잡화기』의 말이다. 그러나 나는 소염'이니' 고현'하고' 외현'하야' 吐로 보았다. 그 뜻은 큰 차이가 없다 하겠다.

經

是時大威光이 於此命終하야 生須彌山上의 寂靜寶宮天城中하
야 爲大天王하니 名離垢福德幢이라

이때에 대위광이 이곳에서 목숨이 마쳐 수미산 꼭대기 고요한
보배궁전인 하늘성에 태어나 큰 천왕이 되었으니
이름이 때를 떠난 복덕의 당기입니다.

疏

二에 是時下는 天王就供이라 於中二니 先은 明菩薩行進하야 報處
天宮이라 此城은 卽是品初에 所列之一이라

두 번째 이때라고 한 아래는 천왕이 나아가 공양하는 것이다.
그 가운데 두 가지가 있나니
먼저는 보살이 수행하고 정진하여 그 과보로 하늘 궁전에 거처함을
밝힌 것이다.
이 성은 곧 이 비로자나품 초두[234]에 열거한 바 한 성이다.

---

[234] 이 비로자나품 초두라고 한 것은 영인본 화엄 4책, p.232, 1행에 성읍궁전城邑
宮殿이 여수미산如須彌山이라 하였다.

經

共諸天衆으로 俱詣佛所하야 雨寶華雲하야 以爲供養하니라

모든 하늘 대중으로 더불어 함께 부처님의 처소에 나아가 보배
꽃구름을 비 내려 공양하였습니다.

疏

後는 知佛可歸하야 持華往供이라

뒤에는 부처님께 가히 돌아갈 것을 알아 꽃을 가지고 가서 공양한
것이다.

經

時彼如來가 爲說廣大方便인 普門遍照修多羅하시니 世界海微塵數修多羅로 而爲眷屬하니라

그때에 저 여래가 광대한 방편인 넓은 문 두루 비추는 수다라를 설하시니
세계의 바다에 작은 티끌 수만치 많은 수다라로 권속을 삼았습니다.

疏

三에 時彼下는 說經이라 方便之言은 略有三種하니 一에 無實權施는 曲巧方便也요 二에 理本無言이나 假言而言은 大方便也요 三에 權實無滯는 亦大方便이라 事理皆照는 方曰普門이라

세 번째 그때에 저 여래라고 한 아래는[235] 경을 설한 것이다.
방편이라는 말은 간략하게 세 가지가 있나니
첫 번째 진실이 없이 방편으로 베푸는 것은 곡교曲巧 방편이요
두 번째 진리는 본래 말이 없지만 말을 가자하여 말을 하는 것은 대방편이요
세 번째 방편과 진실에 막힘이 없는 것은 또한 대방편이다.

---

235 피하彼下라는 말 아래 『잡화기』는 여래라는 두 글자가 빠졌다 하나, 없다 해도 무방하다.

사실과 진리를 다 비추는 것은 바야흐로 보문普門이라 말하는 것
이다.

鈔

一에 無實者는 如無三乘거늘 說有三乘이니 虛指三車나 出門不獲이
是也니라 二에 理本無言者는 亦法華云호대 諸法寂滅相은 不可以言
宣이나 以方便力故로 爲五比丘說이라하니 是也라 三에 權實無滯者
는 卽涉有하야도 未始迷空이요 觀空하야도 不遺於事니 卽如來方便
인 知見波羅蜜을 皆已具足이라

첫 번째 진실이 없다고 한 것은 마치 삼승이 없거늘 삼승이 있다고
설하는 것과 같나니,
거짓으로 삼거三車를 가리켰지만 문 밖으로 나와서는 얻을 것이
없는 것이 이것이다.

두 번째 진리는 본래 말이 없다고 한 것은 역시[236] 『법화경』에 말하기
를 모든 법의 적멸한 모습은 가히 말로써 선설할 수 없지만 방편의
힘을 사용한 까닭으로 오비구를 위하여 선설한다 하였으니
이것이다.

세 번째 방편과 진실에 막힘이 없다고 한 것은 곧 유有를 관계하여도

---

236 역시란, 위에서 화택삼거火宅三車를 인용하였기에 말한 것이다.

처음부터 공空을 미迷한 적이 없고

공空을 관찰하여도 사실[237]을 버린 적이 없나니,

곧 여래의 방편인 지견知見 바라밀을 다 이미 구족한 때문이다.

---

237 원문에 사事는 여기서는 사실로 있는 것이니 유有의 뜻이다. 즉 공을 관찰하여
  도 <u>유有</u>를 버린 적이 없다는 것이다.

經

時天王衆이 聞此經已하고 得三昧하니 名普門歡喜藏라 以三昧
力으로 能入一切法實相海하니 獲是益已하고 從道場出하야 還
歸本處하니라

그때에 천왕 대중들이 이 경전을 들어 마치고 삼매를 얻었으니
이름이 넓은 문 환희의 창고입니다.
삼매의 힘으로써 능히 일체법 실상의 바다에 들어갔나니,
이 같은 이익을 얻어 마치고 그 도량으로 좇아 나와 본래의 처소로
돌아갔습니다.

疏

四에 時天王下는 得益還歸라 於中에 聞上普門하고 正受安住하야
法喜無盡일새 故名曰藏이라하니 由此證達諸實相海라 此劫之中
에 十須彌塵數如來라하얏거늘 今但云四라하고 又無結會古今과
現證得益等者는 經來未盡故也라 若結會者인댄 應云爾時에 威
光菩薩者는 毘盧遮那是等이라
所信因果會는 竟이라

네 번째 그때에 천왕 대중들이라고 한 아래는 천왕들이 이익을
얻어 돌아간 것이다.
그 가운데 위에서 넓은 문 법문을 듣고 바른 삼매에 안주하여 진리의

환희가 끝이 없었기에 그런 까닭으로 이름을 창고라 말하나니, 이것을 인유하여 모든 실상의 바다를 증득하여 요달한 것이다. 이 세월 가운데[238] 열 수미산 작은 티끌 수만치 많은 여래가 세상에 출흥함이 있다 하였거늘, 지금에는 다만 말하기를 네 부처님만이 출흥함[239]이 있다 하고, 또 옛날과 지금을 맺어 회통한 것과 현재 이익을 증득한 등이 없는 것은 경이 전래되면서 아직 다 전래되지 못한 까닭이다.

만약 맺어서 회통한다면 응당히 말하기를 그때에 대위광 보살은 지금에 비로자나가 이분이다라고 해야 하는 등이다.

소신인과회所信因果會는 마친다.

---

238 이 세월 가운데 운운한 것은 영인본 화엄 4책, p.239, 4행에 이 세월을 승음세계 최초 세월이라 하고, 그리고 열수미산 운운하였다.

239 네 부처님만이 출흥하였다고 한 것은 영인본 화엄 4책, p.242, 2행에 역사사불 歷事四佛을 참고할 것이다.

청량 징관(淸涼 澄觀, 738~839)

중국 화엄종의 제4조.

절강성浙江省 월주越州 산음山陰 사람으로, 속성은 하후夏侯, 자는 대휴大休, 탑호는 묘각妙覺이다.

11세에 출가하여 계율, 삼론, 화엄, 천태, 선 등을 비롯, 내외전을 두루 수학하였다. 40세(777년) 이후 오대산 대화엄사에 머물면서 『화엄경』을 여러 차례 강설하였으며, 이를 토대로 『대방광불화엄경소』60권, 『대방광불화엄경수소연의초』90권을 저술하고 강의하였다. 796년에는 반야삼장의 『40권 화엄경』 번역에 참여하였고, 덕종에게 내전에서 화엄의 종지를 펼쳤다. 덕종에게 청량국사淸涼國師, 헌종에게 승통청량국사僧統淸涼國師라는 호를 받는 등 일곱 황제의 국사를 지냈다.

저서로 『화엄경주소華嚴經註疏』, 『화엄경수소연의초華嚴經隨疏演義鈔』, 『화엄경강요華嚴經綱要』, 『화엄경략의華嚴經略義』, 『법계현경法界玄鏡』, 『삼성원융관문三聖圓融觀門』 등 400여 권이 있다.

관허 수진貫虛 守眞

1971년 문성 스님을 은사로 출가, 1974년 수계, 해인사 강원과 금산사 화엄학림을 졸업하고, 운성, 운기 등 당대 강백 열 분에게 10년간 참문수학하였다.

1984년부터 수선안거 10년을 성만하고, 1993년부터 7년간 해인사 강원 강주로 학인들을 지도하였다.

대한불교조계종 교육위원, 역경위원, 교재편찬위원, 중앙종회의원, 범어사 율학승가대학원장 및 율주를 역임하였다.

현재 부산 승학산 해인정사에 주석하면서, 대한불교조계종 고시위원장, 단일계단 계단위원·존증아사리, 동명대학교 석좌교수, 동명대학교 세계선센터 선원장 등의 소임을 맡고 있다.

청량국사화엄경소초 24 - 비로자나품

초판 1쇄 인쇄 2022년 5월 17일 | 초판 1쇄 발행 2022년 5월 27일
청량 징관 찬술 | 관허 수진 현토역주 | 펴낸이 김시열
펴낸곳 도서출판 운주사

     (02832) 서울시 성북구 동소문로 67-1 성심빌딩 3층

    전화 (02) 926-8361 | 팩스 0505-115-8361

ISBN 978-89-5746-682-7 94220
ISBN 978-89-5746-592-9 (총서) 값 18,000원
http://cafe.daum.net/unjubooks 〈다음카페: 도서출판 운주사〉